JN437890

바른 성경 교리 16

몰몬교 친구들에게

토마스 하인즈 지음

장준익 옮김

말씀보존학회

Answers to my Mormon Friends
by Thomas F. Heinze

pub. by Chick Publications, CA.
Korean / 2009 by Word of God Preservation Society, Seoul, Korea

바른 성경 교리 16

몰몬교 친구들에게

초판인쇄 / 2009년 1월 2일
초판발행 / 2009년 1월 5일
지은이 / 토마스 하인즈
옮긴이 / 장준익
펴낸이 / 이송오
펴낸곳 / 말씀보존학회
등록 / 16-223(88.12.12)
주소 / 서울 강서 우체국 사서함 90호
전화 / (02) 2665-3743 · 팩스 / (02) 2665-3302
웹페이지 / www.biblemaster.co.kr ·
E-메일 / kjv@biblemaster.co.kr

값 4,500원

바른 성경 교리 16

몰몬교
친구들에게

하나님께서 몰몬교도들에게 주시는 일곱 성경 구절

『주가 말하노라. 너희는 나의 증인들이요 내가 택한 나의 종이니 이는 너희가 나를 알고 나를 믿고 내가 그인 것을 알게 하려는 것이라. 내 앞에 지음을 받은 하나님이 없었으며, 내 뒤에도 없으리라.』 (이사야 43:10)

『하나님은 한 분이시요, 하나님과 사람 사이에 중보자도 한 분이시니, 곧 사람이신 그리스도 예수시라.』(디모데전서 2:5)

『그리스도 예수께서 죄인들을 구원하시려고 세상에 오셨다는 이 말씀은 신실하며, 온전히 받아들이기에 합당하도다. 죄인들 중에서 내가 우두머리라.』(디모데전서 1:15)

『하나님께서 세상을 이처럼 사랑하셔서 그의 독생자를 주셨으니, 이는 그를 믿는 사람은 누구든지 멸망하지 않고 영생을 얻게 하려 하심이니라.』(요한복음 3:16)

『그러므로 그는 또한 자기를 통하여 하나님께 나아오는 자들을 끝까지 구원하실 수 있으니, 이는 그가 항상 살아 계셔 그들을 위하여 중보하심이라.』(히브리서 7:25)

『너희가 믿음으로 말미암아 은혜로 구원을 받았으니 이것은 너희에게서 난 것이 아니요, 하나님의 선물이라. 행위에서 난 것이 아니니 아무도 자랑하지 못하게 하려 하심이라. 우리는 그분의 작품이니 그리스도 예수 안에서 선한 일들을 위하여 창조되었느니라. 이 일들은 하나님께서 미리 정하시어 우리로 그것들 가운데서 행하게 하려 하신 것이라.』(에베소서 2:8-10)

『나는 하나님의 은혜를 저버릴 수 없나니, 만일 의가 율법으로 인하여 온 것이라면 그리스도께서는 헛되이 죽으신 것이라.』(갈라디아서 2:21)

목 차

이 책에 인용된 성경 구절은 〈한글킹제임스성경〉입니다.

제1장

몰 몬 경

몰몬교도 그들은 누구인가?

몰몬교도는 「예수 그리스도 후기 성도 교회」(the Church of Jesus Christ of Latter-day Saints)의 구성원들이며, 조셉 스미스에 의해 설립된 종교를 따르는 사람들이다. 조셉 스미스는 1820년경부터 시작된 일련의 환상들을 계시받은 몰몬교의 첫 번째 선지자이다. [전에는 이들을 「말일 성도 예수 그리스도 교회」라 불렀으나, 오늘날 한국에서의 공식 명칭은 「예수 그리스도 후기 성도 교회」이다. - 역자 주]

초기에 그들은 기존의 모든 기독교의 교회들을 비난하고, 선지자 조셉 스미스를 구심점으로 삼아 자신들을 성별했었으나, 최근에 와서는 그들의 문화에도 많은 변화가 생겼으며, 교리에 있어서도 몇 가지 변화가 생겨났다.

최근 몰몬교도들은 조셉 스미스에 대해 중점을 두기보다는 예수 그리스도에 대해 더 많은 중점을 두고 있다. 한 사람의 그리스도인으로서, 나는 몰몬교도들이 예수 그리스도께 더 많은 중점을 두는 것에 박수를 보내며 권장하는 바이다. 나는 예수 그리스도께로 향하는 이러한 방향성이 계속 지속되어 많은 몰몬교도들이 그들의 구원을 위하여 온전히 그리고 절대적으로 예수 그리스도를 신뢰하게 되기를 바란다.

게다가, 한 때 몰몬교도들은 억눌린 아내들로 인해 제 기능을 발휘하지 못하는 역기능 가정들로 알려져 있었으나, 최근에는 건전한 가정과 높은 도덕적 가치의 강조로 오히려 존경받는 사람들이 되어 왔다. 알코올과 약물남용이 넘쳐나는 이 세상 속에서 몰몬교도들은 아주 훌륭하다. 몰몬교도들은 커피나 차도 마시지 않는다.

몰몬교의 경전

몰몬교도들에게는 네 권의 경전이 있다.

- 킹제임스성경
- 몰몬경
- 교리와 성약
- 값진 진주

몰몬교도들은 이 책들 중에서 〈몰몬경〉을 가장 중요한 책으로 여기며, 그 교회의 회장을 살아 있는 선지자로 여긴다.

<몰몬경>은 어디에서 왔는가?

조셉 스미스는 한 천사가 나타나 금판들 위에 기록된 〈몰몬경〉을 자기에게 보여 주었으며, '개정된 이집트어'[1]로 기록되어 있

---

1) 〈몰몬경〉 몰몬서 9:32, 니파이전서 1:2, 모사이아서 1:4.

었던 그 금판 위의 글들을 자신이 영어로 번역했다고 말했다. 또 그는 그 금판들이 현재에는 없으며, 그 개정된 이집트어는 알려지지 않은 언어라고 말했다. 몰몬교도들이 그 금판들이 한 때 존재했었다는 것을 믿는 것은 조셉 스미스와 그 금판들을 보았다는 열한 명의 다른 사람들의 증언을 믿기 때문이다.

〈몰몬경〉의 소개 부분에는 두 가지 내용이 쓰여 있다. 하나는 〈세 증인의 증언〉이라 불리는 것으로 세 증인의 이름이 담겨 있다. 두 번째의 것은 〈여덟 증인의 증언〉인데 이것 역시 여덟 증인의 이름이 쓰여 있다. 두 종류의 증인들이 모두 그 금판들을 보았다고 말한다.

세 증인인 올리버 카우드리, 데이비드 휘트머, 마틴 해리스는 〈교리와 성약〉에 예언되어 있기 때문에 가장 중요한 사람들로 여겨진다. "내가 그들에게 권능을 주어 그들이 이것을 있는 그대로 보고 또한 살펴볼 수 있게 하려니와 나의 교회가 달과 같이 맑고 해와 같이 아름답고 기를 든 군대와 같이 두렵게 광야에서 일어나 나아가기 시작하는 이 때에, 이 세대 중에 이와 동일한 증거를 받을 이 능력을 다른 아무에게도 허락하지 아니하리라. 그리고 나의 말에 대한 세 증인의 증거를 나는 내보내리라."(〈교리와 성약〉 5:13-15).

〈몰몬경〉에는 다음과 같이 예언되어 있다.

"그런즉 내가 말한 그 사람에게 책이 전해질 그 날에, 그 책은 세상의 눈으로부터 감추어질 것이라. 그리하여 아무의 눈도 그것을 목격하지 못할 것이로되, 다만 책을 전해 받을 자 외에, 세 증인이 하나님의 권능에 의해 그것을 볼 것이며, 그들은 책과 그 안에 있는 것들의 참됨을 증거하리라. 또 하나님의 뜻에 따른 몇몇을 제외하고는 그것을 보고 사람의 자녀들에게 그의 말씀을 증거 할 자가 달리 아무도 없나니, 이는 주 하나님께서 이르시되, 충실한 자의 말이 마치 죽은 자 가운데서 말하듯 말할 것이라 하셨음이니라."[2]

〈교리와 성약〉 17편 2절에는 "그리고 너희가 그것들을 보게 됨은 너희의 신앙으로 말미암나니 곧 옛 선지자들이 지녔던 그 신앙으로 말미암느니라."라고 기록되어 있다. 그렇다면 믿음으로 그리고 하나님의 능력으로 그 증인들이 그 금판들을 보았다는

---

2) 〈몰몬경〉 니파이후서 27:12-13

얘기가 된다.

그 증인들을 우리가 믿을 수 있을까? 세 증인 모두가 나중에 몰몬교도 자신들에 의해 제명된 사람들이다. 몰몬교도들은 그들의 세 증인을 거짓말, 도둑질, 사기, 위조, 횡령, 몰몬교도들에 대한 박해의 이유로 고소하였고 결국 제명하였다.[3)]

몰몬교도들 자신의 경전 중의 하나인 〈교리와 성약〉에는 "나의 종 올리버 카우드리를 위한 나의 말을 들으라. 주 너희 하나님이 이르노라. 참되고 충실한 자 한 사람이 그와 함께 가지 아니하면, 계시들과 돈을 그에게 맡겨 시온의 땅으로 가져가게 함은 내 안에 있는 지혜가 아니니라."(〈교리와 성약〉 69:1)라고 기록되어 있다. 올리버 카우드리는 나중에 감리교인이 되었으며, 결국 감리교 목사로 생을 마쳤다.

〈교리와 성약〉의 다른 부분에서는 세 증인 중의 하나인 마틴 해리스를 아예 "악인"이며 거짓말쟁이라고까지 기록하고 있다.[4)]

---

3) 데이비드 휘트머, 〈그리스도 안에 있는 모든 믿는 사람들에게 드리는 연설, *An Address to All Believers in Christ*〉, 27쪽; 마빈 코우언, 〈몰몬교의 주장에 답변하다, *Mormon Claims Answered*〉, 46쪽에서 인용됨. Utah Christian Publications(PO Box 71052, Salt Lake City, Utah 84171)에서 구입 가능; 제럴드 태너와 샌드러 태너(Jerald and Sandra Tanner), 〈몰몬교, 그림자인가 실제인가, *Mormonism, Shadow or Reality*〉, 1982, 52-53쪽도 보라.

나중에 몰몬교도 자신들은 마지막 남은 목격자인 데이비드 휘트머마저도 목격자로 받아들이기를 바라지 않았다.

"1838년 6월에 하나님께서는 하늘들로부터 온 그분 자신의 목소리로 나에게 또다시 말씀하셨습니다. 그것은 후기 성도들로부터 나 자신을 성별하라는 것이었습니다."[5]

데이비드 휘트머는 최소한 세 개의 몰몬교 분파에 속했었다.

세 증인이 금판을 보았다고 증언한 것은 분명하다. 우리의 의문은 우리가 그들의 증언을 믿을 수 있는가에 있다. 이 세 증인에 대한 조셉 스미스와 다른 몰몬교 지도자들의 언급을 우리가 믿는다면, 특히 세 증인이 거짓말쟁이라는 그들의 고소를 믿는다면, 조셉 스미스 그 자신의 말 이외에는 〈몰몬경〉에 관해서 믿을 것이 거의 없다는 것이다.

우리는 조셉 스미스의 축복과 함께 그 세 증인을 떠날 것이다.

---

4) 〈교리와 성약〉 10편 소개, 그리고 1, 6-7, 13, 21절.

5) 데이비드 휘트머, 〈그리스도 안에 있는 모든 믿는 사람들에게 드리는 연설〉, 27쪽, 마빈 코우언, 〈몰몬교의 주장에 답변하다〉, 46쪽에서 인용.

"맥레린, 존 휘트머, 데이비드 휘트머, 올리버 카우드리, 마틴 해리스와 같은 인물들은 너무나 비열하여 언급할 가치가 없다. 우리는 그런 자들을 기억조차 하고 있지 않다."[6)]

세 증인 중의 하나인 데이비드 휘트머의 기록에 의하면, 두 번째 증언 집단인 여덟 목격자들 중에서 조셉 스미스의 아버지와 두 형제를 제외하고 기록 당시까지 살아 있었던 목격자들은 모두 후기 성도교회를 떠난 상태였다.[7)]

가장 올바른 책 바로잡기

개신교, 카톨릭, 몰몬교는 모두 성경이 하나님의 영감으로 기록되었다고 믿는다. 성경의 히브리어 원문과 헬라어 원문은 더 이상 존재하지 않지만, 고대의 사본들이 많이 존재한다. 이 사본들 중에서 어떤 사본이 원문을 제대로 보존했는지와 어떤 사본

---

6) 〈교회의 역사, *History of the Church*〉, 3권 232쪽.

7) 데이비드 휘트머, 〈그리스도 안에 있는 모든 믿는 사람들에게 드리는 연설〉, 28쪽. 마빈 코우언, 〈몰몬교의 주장에 답변하다〉, 47쪽에서 인용.

에 필사상의 오류가 있는지를 결정하기 위해 사본들을 서로 비교하는 데 지금껏 많은 노력들이 기울여져 왔다. 이러한 노력의 목적은 구약 히브리어 원문과 신약 헬라어 원문에 실제로 뭐라고 쓰여 있었는가를 결정하는 데 있다.

〈몰몬경〉의 서문에는 〈몰몬경〉이 예언과 계시의 영에 의하여 고대의 선지자들에 의해 황금의 판들 위에 기록되었다고 진술되어 있다. 그 금판들은 나중에 "조셉 스미스에게 전달되었으며, 조셉 스미스는 하나님의 은사와 능력으로 그 금판들을 번역하였다." 〈몰몬경〉의 소개 부분에는 다음과 같은 조셉 스미스의 발언이 인용되어 있다.

> "나는 형제들에게 몰몬경은 지상의 어떠한 책보다도 가장 정확한 책이며, 우리 종교의 종석이고, 다른 어떤 책보다 이 책의 교훈대로 생활한다면 하나님께 더욱 가까이 갈 수 있을 것이라고 말씀드렸습니다."

〈몰몬경〉의 영어 번역이 다른 언어로의 번역에서 원문으로 취급되지만, 몰몬교 지도자들은 지금까지 조셉 스미스의 번역에서 4만 군데를 교정해 왔다. 원문의 변화는 대부분 철자와 문법상의 오류를 교정한 것이다. 예를 들면, "... Adam and Eve, which was our first parents."과 같은 부분이다. 이에 대해 몰몬교 사도인 B. H. 로버츠는 다음과 같이 언급했다.

> "그러한 문법상의 명백한 오류들의 책임이 하나님께 있는가? 그렇게 말한다면 비웃음을 살 것이다. (중략) 우림과 둠밈이 번역을 행할 때 조셉 스미스는 우림과 둠밈에 반사된 것을 단지 베꼈을 뿐이라는 그러한 낡은 이론은 설득력 있는 주장이 될 수 없다."[8]

다른 교정들은 하나님에 대한 조셉 스미스의 관점이 변함에 따라 더해진 것이다. 예를 들면, 최초 번역본인 1830년 번역본에 있던 "하나님의 어머니"는 "하나님의 아들의 어머니"로 바뀌었다(〈몰몬경〉 니파이전서 11:18). 그리고 "베냐민 왕"은 "모사이야 왕"이 되었다(〈몰몬경〉 이더서 4:1).

몰몬교의 지도자들은 조셉 스미스가 처음 〈몰몬경〉을 번역했을 때의 그 첫 번역을 유지하기 위해 애쓰기보다는 차라리 교정

---

8) 〈믿음의 옹호〉, 278-279, 295, 306-308쪽. 마빈 코우언, 〈몰몬교의 주장에 답변하다〉, 41쪽에서 인용.

을 하는 것이 더 필요하다는 결론에 도달했다. 그래서 문법적인 오류들을 말끔히 정리하고 다른 내용상의 실수들을 교정한 후에 사람들에게 조셉 스미스가 교육을 거의 받지 못했기 때문에 〈몰몬경〉을 그토록 잘 번역하기 위해서 신성한 인도함을 받았어야만 했었다고 말하곤 한다.

제럴드 태너와 샌드러 태너의 웹사이트(Utah Lighthouse Ministry; www.utlm.org)에는 사람들을 잘 인도해 줄 수 있는 방대한 양의 자료가 실려 있으며, 1830년 조셉 스미스의 첫 〈몰몬경〉 번역본과 현재의 〈몰몬경〉을 잘 비교할 수 있도록 다른 웹사이트와 연결도 되어 있다. (www.irr.org/mit/changingscrips.html).

몰몬교도들의 〈신앙개조〉 8번에는 다음과 같이 쓰여 있다.

> "우리는 정확하게 번역되어 있는 한, 성경이 하나님의 말씀임을 믿고, 또한 〈몰몬경〉도 하나님의 말씀임을 믿는다."

몰몬교도들은 외부인들에게 자신들이 성경을 믿는다고 말하며 자신들이 인정하는 경전 네 권에 성경도 포함되어 있다고 말하지만, 실제로 성경은 그만큼 권위가 격하된 것이다. 중요한 점은 성경과 〈몰몬경〉 사이에 내용이 서로 다른 부분이 있는 경우에는 내용이 서로 다른 바로 그 부분에서 성경이 잘못 번역된 것이 분명하다고 가르친다는 것이다.

몰몬교도들에게 성경은 실제로 〈몰몬경〉보다 하위에 있으며, 몰몬교의 여러 교리들보다 하위에 있다. 성경에 대해서 〈몰몬경〉에는 다음과 같이 쓰여 있다.

> "그러한즉 그 책이 크고 가증한 교회의 손을 거쳐 나아간 후, 하나님의 어린 양의 책인 그 책에서, 많은 명백하고 귀한 것들이 제하여진 것을 네가 보느니라."[9]

몰몬교의 설명에 의하면, 이 글이 의미하는 바는 카톨릭 교회가 성경의 많은 부분을 바꾸어 더 이상은 믿을 수 없다는 뜻이라는 것이다.

이러한 생각을 점검하는 것은 쉽다. 사해 사본에는 히브리어 구약의 많은 조각들이 있다. 이 사본은 BC 100년에서 AD 100년 사이의 여러 시기에 사해 근처의 동굴에 감추어졌다가 1946

9) 〈몰몬경〉 니파이전서 13:28.

년에서야 처음으로 그 중의 하나가 발견되었다. 사해 사본들 중에서 가장 오래된 것들 중에는 성경 두루마리들도 있는데, 이 두루마리들은 카톨릭 교회가 생기기 전에 동굴 속에 감추어진 것이며, 비교적 최근에 발견되었다. 그러므로 카톨릭 교회에 의해서 바뀌었을 리는 없는 사본이다. 그러므로 성경의 구약이 카톨릭 교회에 의해서 "많은 명백하고 귀한 것들이 제하여"지지는 않은 것이다. [이것은 사해사본이 잘 보존되어 믿을 만한 사본이라는 뜻이 아니다. 단지 카톨릭 교회가 손대지 않은 사본도 있음을 밝힘으로써 '카톨릭 교회가 성경의 많은 부분을 바꾸어 더 이상은 믿을 수 없다.'는 몰몬교의 주장을 논박하려는 것이다. - 역자 주]

신약의 경우도 점검을 해 보자면, 현존하는 어떤 고대 문서보다도 신약의 내용을 담고 있는 고대 문서의 수가 더 많다. 그 어떤 교회라 할지라도 이 모든 문서를 모두 모아 그 내용을 바꿀 수 있겠는가? 몰몬교도들은 자신들이 언급하는 특정한 부분에서의 변화가 성경을 번역하면서 발생했다고 주장하지만, 과거 어떤 시기의 고대 헬라어나 히브리어 성경 필사본도 그들의 주장을 뒷받침해 주지 않는다.

카톨릭 교회가 종교 개혁의 시기까지 줄곧 받아들여 온 유일한 성경 번역물은 라틴 벌게이트이다. 라틴 벌게이트는 제롬이

AD 400년경에 번역한 것이다. AD 400년 이후 카톨릭 교회는 그 어떤 새로운 성경 번역도 반대해 왔다. 즉 프로테스탄트 교회들만이 새로운 성경을 번역해 온 것이다. 프로테스탄트 교회들은 카톨릭 교회에 의해 바뀐 것으로부터 무언가를 번역한 것이 아니라 헬라어와 히브리어에서 직접 성경을 번역해 왔다. 그러므로 카톨릭 교회는 라틴 벌게이트와 라틴 벌게이트에 의존한 다른 번역에는 영향을 주었다고 할 수 있지만, 상당량에 이르는 프로테스탄트 교회들의 번역물에는 영향을 줄 수 없었다.

나는 히브리어 구약 성경과 헬라어 신약 성경을 매일 읽는다. 물론 그 언어들의 전문가로서가 아니라 학생의 자세로 읽는 것이다. 히브리어 구약 성경과 헬라어 신약 성경이 성경의 원래 언어이기 때문에, 몰몬교도들이 믿는 경전들과 성경 사이의 차이가 성경의 잘못된 번역에서 비롯된 것이 아니라는 사실을 개인적인 경험을 통해 말할 수 있다.

성경은 어떤 다른 책보다도 많은 언어들로 번역되어 왔다. 누구나 서로 다른 언어로 번역된 성경들 중에서 자기가 아는 언어로 된 성경들의 차이를 점검해 볼 수 있다. 각각의 다른 언어로 된 성경들이 원문의 의미를 표현하기 위해 서로 다른 단어들을 사용한다. 그러나 한 번역본에서 "벤자민 왕"이라고 번역된 것을 다른 번역본에서 "모사이야 왕"이라고 번역된 사례를 찾을 수는 결코 없을 것이다. 그러나 이러한 사례가 〈몰몬경〉에서는 발견된다. 그러므로 성경과 〈몰몬경〉 중에서 어떤 책이 다른 방식에 의해서가 아니라 번역상의 문제로 다른 책보다 우월하다거나 열등하다고 판단되어야 한다면, 성경이 〈몰몬경〉보다 더 우월하다.

〈몰몬경〉과 마찬가지로 다른 공식적인 몰몬교의 경전들인 〈교리와 성약〉과 〈값진 진주〉 역시 초판이후로 지금까지 많은 교정들이 이루어져 왔다. 나중에 지적하겠지만, 성경과 모순되는 몰몬교 교리들의 많은 부분이 실제로는 〈몰몬경〉이나 〈교리와 성약〉과도 모순이다. 이러한 경우에도 몰몬교 지도자들은 성경을 비판하는 경향이 있다. 몰몬교 경전들 사이에 모순이 존재함에도 불구하고 성경이 잘못 번역되었기 때문이라고 말하는 것이다.

몰몬교도들은 보통 자신들이 성령께서 그들에게 증거를 주시도록 기도하는 것을 배웠기 때문에 몰몬교도들의 믿음이 옳다는 사실을 안다고 말한다. 그들이 말하는 그 '증거'라는 것은 성령의 계시로 받은 지식이며, 성령께서는 자신들에게 예수 그리스도 후기 성도 교회가 "유일한 참되고 살아 있는 교회"라고 가르치고 계신다는 것이다.[10]

어떤 사람들은 증거를 위해서 기도했는데 자신들이 증거를 가지고 있다는 것과 몰몬교가 옳다는 것을 느끼는 반면, 다른 사람들은 증거를 위해서 기도했는데 몰몬교가 옳지 않다고 강력하게 느낀다. 또 다른 어떤 사람들은 몰몬교의 분파 중 어떤 하나가 옳은 교회라는 증거를 받았다고 생각한다. 하나님께서는 나에게 말씀해 오셨다, 그분의 영으로 그리고 성경을 통해서, 몰몬교 교리가 성경과 모순되는 바로 그 부분에서 몰몬교 교리는 잘못되었다고.

왜 몰몬교나 〈몰몬경〉에 관해서만 증거를 위해 기도를 해야 할까? 이슬람이나 코란은 어떤가? 아니면, 여호와의 증인이나 사이언톨로지(미국의 L. Ronald Hubbard가 1965년 설립한 정신요법을 교리로 가지고 있는 종교)는 어떤가? 우리는 물론 하나님의 인도하심을 필요로 한다. 그러나 자신의 느낌에만 의존하고 객관적인 증거를 의도적으로 무시하는 사람들은 진리가 아닌 것을 믿도록 조종되는 수가 자주 있다.

예수 그리스도께서 죽은 자들로부터 살아나셨을 때 자신의 제자들에게 단지 성령의 증거에 기초해서만 자신의 부활을 믿으라고 요구하지 않으셨다. 예수님께서는 또한 자신의 손과 발을 보

10) 〈교리와 성약〉 1:30.

여 주셨으며 제자들 앞에서 음식을 잡수셨다. 물리적인 증거가 성령으로부터 온 증거를 뒷받침해 준 것이다. 만약 어떤 증거가 진실로 성령으로부터 왔다면, 그 증거는 진실이며, 또한 물리적인 증거가 성령으로부터 온 그 증거를 반박하지 않고 오히려 확고히 해 줄 것이다.

물리적인 증거가 조셉 스미스의 번역자로서의 능력을 확고히 해 주는지 아니면 반박하는지를 점검하는 것은 쉽다. 〈몰몬경〉의 금판들과 "개정된 이집트어"가 실제로 존재했었든 존재하지 않았었든 간에, 조셉 스미스는 나중에 진짜 고대 이집트어 파피루스 사본 하나를 얻었다. 그것은 상형문자로 쓰여진 것은 아니었고, 상형문자 이후에 사용된 성용문자(고대 이집트의 상형문자를 흘려쓴 초서체 문자)로 쓰여진 것이었다. 조셉 스미스는 이 사본을 번역했다고 주장했으며, 그 번역을 '아브라함서'라고 불렀다. 조셉 스미스의 주장으로는 구약 성경의 아브라함에 의해 기록되었다고 한다. '아브라함서'는 몰몬교 경전들 중의 하나인 〈값진 진주〉의 두 번째 부분이다.

이 사본은 시카고 화재 때에 소실되었다고 알려졌다가 뉴욕 메트로폴리탄 박물관에서 발견되었다. 이 사본이 조셉 스미스에 의해 번역되었다는 사실이 몰몬 교회에 의해 확인되었기 때문에 나중에 박물관 측에서 몰몬 교회에 이 사본을 기증하였다.

몰몬 교회의 확인이 실수일 가능성은 거의 없다. 왜냐하면 파손되기 쉬운 파피루스 사본의 특성상 이 파피루스 사본을 잘 보존하기 위하여 조셉 스미스 당시에 두꺼운 종이를 뒤에 덧붙이고 진본임을 확인하는 데 도움이 되게 하고자 배서를 해 두었기 때문이다. 이 파피루스 사본과 이 사본으로부터 번역되었다는 아브라함서는 몰몬 교회와 세상으로 하여금 조셉 스미스가 이집트어를 번역할 만한 능력이 있었는지를 점검할 수 있는 기회를 제공하게 되었다.

자격을 갖춘 많은 이집트학 학자들이 이 사본에는 아브라함에 대한 언급이 전혀 없다고 언급해 왔다. 이집트학 전문가인 사무엘 A. B. 머서는 다음과 같이 썼다.

> "모든 학자들이 모두 같은 결론에 도달한다. 즉, 조셉 스미스는 어떤 이집트어 문장도 번역할 능력이 없었다는 사실이다. 조셉 스미스가 행한 것처럼 이집트어를 완전히 무시하고 번역한다면, 나에게 배우는 어떤 학생도 이집트학 시험에서 0점보다 더 좋은 점수를 받지는 못할 것이다."[11]

조셉 스미스는 177번이나 나온 이집트인들의 달의 신의 이름인 한 단어를 177번 모두 다르게 번역했는데, 그 중 한 번도 정확히 번역하지 못했다.[12]

그랜트 하워드라는 한 몰몬교도는 이집트 문자 하나가 조셉 스미스에 의해 76가지의 다른 단어들로 번역된 사실을 지적했다가 파문당했다.[13]

이 파피루스 사본과 아브라함서가 조셉 스미스든 조셉 스미스에게 영감을 불어넣어 주었다는 어떤 영이든 이 둘 모두가 이집트어를 번역할 능력을 전혀 갖추지 못했다는 사실을 분명히 보여 주기 때문에, 어떤 몰몬교도들은 그 파피루스 사본이 조셉 스미스가 번역했었던 바로 그 사본과 같은 사본이 아니라는 주장을 해 왔다. 그러나 이 주장은 다음에 설명할 두 가지 이유로 곧 사라졌다.

조셉 스미스는 그가 아브라함서라 불렀던 그 파피루스 사본의 세 부분에서 그림을 뽑아 몰몬교도들의 경전들 중의 하나인 〈값진 진주〉에 포함시켰었다. 조셉 스미스는 그 그림들 안에 포함된

11) 태너, 〈몰몬교, 그림자인가 실제인가〉, 321쪽.

12) 태너, 〈몰몬교, 그림자인가 실제인가〉, 323쪽.

13) 태너, 〈몰몬교, 그림자인가 실제인가〉, 222-223쪽.

내용들을 설명하는 글을 썼었는데, 나중에 마빈 코우언이 이 그림과 번역을 전문가들에게 점검하도록 의뢰했다. 전문가들은 이 그림들에 포함된 내용들이 아브라함과 전혀 상관이 없다는 것과 조셉 스미스의 설명이 완전히 틀렸다는 것을 확인했다.[14] 누구나 그 그림들을 전문가에게 의뢰해 볼 수 있다.

또 다른 한 이유는 그 파피루스의 나머지 부분들이 사진으로 찍혀 있었다는 것이다.[15] 그 사진들 중 하나에 〈값진 진주〉에 수록된 그림도 찍혀 있다. 그 그림의 양면에는 많은 양의 글이 적혀 있는데, 그 글들이 의심할 바 없이 조셉 스미스가 바로 그 사본을 번역했다는 것을 분명히 보여 준다. 〈몰몬경〉의 금판들이 우리에게 없기 때문에 조셉 스미스가 이집트어를 번역할 수 있는 능력이 있었는지를 판단할 수 있는 현존하는 유일한 사본이 바로 이 파피루스 사본과 아브라함서이다. 조셉 스미스는 이집트어를 번역할 수 있는 능력이 전혀 없었다.

아브라함서를 번역했다는 파피루스 사본에 대한 조셉 스미스의 진술이 거짓이라 해도 아브라함서의 전체 내용이 허구라는

14) 마빈 W. 코우언, 〈몰몬교의 주장에 답변하다〉, 53쪽, 1997.

15) 〈몰몬교, 그림자인가 실제인가〉, 295-297쪽에 이 사진들이 실려 있다.

의미는 아니다. 아브라함서의 일부 내용은 킹제임스성경에서 온 것이다. 킹제임스성경은 히브리어 원문과 헬라어 원문으로부터 1611년에 번역된 것이다. 창세기 12:1-13과 〈값진 진주〉의 아브라함서 2장을 비교해 보라. 조셉 스미스가 얻은 파피루스 사본은 1835년 이후 어느 땐가에 아브라함서로 번역된 것이다. 만약 조셉 스미스가 아브라함서를 진실로 이집트어에서 번역한 것이라면, "removed from thence"와 같은 고대 영어 표현을 어떻게 사용할 수 있었겠는가? 이 표현은 킹제임스성경에서 번역하는 방식에 따라 축자적으로 번역된 표현이다. 조셉 스미스가 파피루스 사본에서 아브라함서를 번역하기 200년 전이며, 조셉 스미스가 말한 그 아브라함이 그 파피루스 사본에 기록한 지 2000년이 지난 후에야 처음으로 사용된 표현 방식인 것이다.

이러한 사실에도 불구하고 조셉 스미스가 아브라함서의 전체 내용을 킹제임스성경에서 베껴 왔다고 추론해서는 안 된다. 그는 실제로 아브라함서의 모든 내용을 킹제임스성경에서 베껴 오지는 않았다. 그러나 다음에 나오는 두 가지 실례처럼 우연이라고 보기엔 너무나도 유사한 부분이 존재하는 것이다.

"Now the LORD had said unto Abram, Get thee

out of thy country, and from thy kindred, and from thy father's house, unto a land that I will shew thee:" (주께서 아브람에게 말씀하셨는데 "너는 네 고향과 네 친족과 네 아비의 집을 떠나 내가 네게 보여 줄 땅으로 가라.) (창12:1)

위의 창세기 구절을 아래의 〈값진 진주〉의 아브라함서와 비교해 보라.

"Now the LORD had said unto me: Abraham, get thee out of thy country, and from thy kindred, and from thy father's house, unto a land that I will shew thee:" (이제 주께서 내게 이르시되, 아브라함아, 네 나라와 네 친척과 네 아버지의 집을 떠나 내가 네게 보여 줄 땅으로 가라 하시니라.) (아브라함서 2:3)

위 구절에서 조셉 스미스의 번역과 킹제임스성경이 단지 두 단어만 다르다.

또한 창세기 1:30의 앞부분을 비교해 보라.

> "And to every beast of the earth, and to every fowl of the air, and to every thing that creepeth upon the earth..." (땅의 모든 짐승과, 공중의 모든 새와 ... 땅 위를 기어다니는 모든 것들에게...) (창1:30)

아브라함서 4:30의 앞부분이 완전히 동일하다.

> "And to every beast of the earth, and to every fowl of the air, and to every thing that creepeth upon the earth..." (그리고 땅의 모든 짐승과 공중의 모든 새와 땅 위를 기는 모든 것에게...) (아브라함서 4:30)

(창세기 12:2과 아브라함서 2:9, 창세기 12:3과 아브라함서 2:11, 창세기 12:4과 아브라함서 2:14을 비교해 보라.)

조셉 스미스는 위의 구절들과 다른 구절들을 킹제임스성경에서 베껴 온 것이 분명하다.

아브라함서는 다음과 같은 이유에서 중요하다.

• 아브라함서는 조셉 스미스가 거짓말을 하였거나, 심각하게 착각하여 아브라함서와 상관없는 다른 파피루스를 아브라함서의 원전이라고 생각했다는 사실을 보여 준다.

• 아브라함서는 조셉 스미스가 이집트어를 번역할 능력이 없었다는 아주 중요한 사실을 드러낸다. 왜냐하면 아브라함서를 기록한 개정된 이집트어는 조셉 스미스 자신이 번역했다고 주장한 〈몰몬경〉을 기록한 언어이기도 하기 때문이다.[16]

• 아브라함서는 흑인은 몰몬교의 제사장이 될 수 없다는 교리의 원천이다. 이 교리는 도덕적으로 옳지 않을 뿐만 아니라, 나중에 정치적으로도 불공평하여 몰몬 교회에 난처한 상황을 안겨 주었다. 몰몬교 회장 킴벌은 1978년에 이 교리를 바꾸는 뜻밖의 조치를 행했다.

〈값진 진주〉의 책들 중의 하나인 모세서에는 고대 영어로 된 킹제임스성경의 본문과 거의 문자 그대로 똑같은 부분이 한 쪽

16) 〈몰몬경〉 몰몬서 9:32, 니파이전서 1:2, 모사이야서 1:4.

넘게 있다. (모세서 4:8-25과 창세기 3:2-19을 비교하라.)

그러나 킹제임스성경으로부터 베껴진 가장 긴 부분은 〈몰몬경〉의 니파이이서에 있다. 니파이이서 12~24장은 이사야 2~14장에서 거의 문자 그대로 베껴진 것으로, 모두 합치면 성경 15쪽 분량이다. 킹제임스성경은 히브리어 구약과 헬라어 신약으로부터 거의 문자 대 문자 번역을 한 것이다. 그래서 몇몇 부분에서는 매끄러운 영어 표현이 되지 않기 때문에 단어와 단어 사이를 연결하는 단어들을 번역자들이 추가했었다. 원래의 본문에 있는 단어인지 아닌지를 잘 알 수 있도록 돕는 의미에서 원래의 본문에 있지 않았던 단어들을 이탤릭체로 표기한 성경책도 있고, 괄호로 표시한 성경책도 있다. 이러한 단어들은 히브리어 본문에는 없고, 킹제임스성경에만 있는 것인데, 〈몰몬경〉에도 들어가 있다.

몰몬교도들은 "모로나이가 그 판들을 AD421년에 쿠모라 언덕에 두었다."고 말한다.[17] 만약 킹제임스성경이 원문에서 영어로 번역된 것보다 천 년도 넘는 기간 전에 그 판들이 실제로 그 언덕에 감추어졌고, 조셉 스미스가 〈몰몬경〉을 그 판들에서 번역했다면, 어떻게 수백 개의 단어들이 킹제임스성경에 쓰여진 영어

17) 맥콩키, 〈몰몬 교리〉, 327쪽.

단어들과 정확하게 차례대로 일치할 수 있겠는가? 조셉 스미스가 킹제임스성경의 많은 부분을 외웠을까, 아니면 베꼈을까?

역사, 고고학, 그리고 <몰몬경>

〈몰몬경〉에는 이스라엘 땅을 떠나 중앙아메리카로 이주한 유대인 무리들이 나온다.

• 야렛인들은 바벨탑의 시기에 떠나서 전쟁들에 의해 결국 멸망하게 된다.

• 마나세(므낫세) 종족과 에프라임 종족에서 나온 한 무리는 리하이에 의해 인도되어 BC 589년경에 아메리카에 도착한다. 이 무리는 다시 두 무리로 나누어지는데, 전쟁들에 의해 멸망하게 되는 니파이인들과 아메리카 본토인의 조상인 레이맨인들이다. (〈몰몬경〉의 소개 부분의 첫 두 문단을 보라.)

〈몰몬경〉은 역사적 사실로 제시되고 있으며, 우리가 그 사실 여부를 점검할 수 있는 수많은 내용들이 그 안에 적혀 있다. 몰몬교도들은 고고학적 발견들이 몰몬경의 진술들을 확증해 준다고 자주 주장한다. 실제로 성경에서 언급된 많은 도시들이 성경이 말씀하신 바로 그 장소에서 발견되어 왔다.

그러나, 남북중앙아메리카 어디에서든 〈몰몬경〉의 내용들을 입증하는 어떤 고고학적 증거도 발견된 적이 없다. 지금껏 발견된 유물들은 〈몰몬경〉에 나오는 종족들이 만들고 사용했을 수도 있겠지만, 다른 종족들도 여전히 만들고 사용했을 수 있는 유물들이다. 예를 들면, 몰몬교도들은 스미스소니언 협회가 공식적으로 〈몰몬경〉을 인정했으며, 〈몰몬경〉이 거의 모든 주요한 발견들의 지침서로서 사용되어 왔다고 주장해 왔다. 몰몬교도들의 이러한 주장은 결국 많은 사람들로 하여금 스미스소니언 협회가 몰몬교도들의 이러한 주장을 부인하는 답변을 하도록 요구하게 만들었다. 여기에 일부를 발췌하였다.

> "... 스미스소미언 협회는 〈몰몬경〉을 어떤 방식으로든 과학적 지침서로 사용한 적이 없습니다. 스미스소니언 협회의 고고학자들은 신대륙의 고고학적 유물들과 〈몰몬경〉의 내용 사이에서 어떠한 관련도 인식한 바 없습니다... 저희는 신대륙에서 고대 이집트 문헌이나 고대 히브리 문헌이

발견된 실제의 사건이 있었는지 아는 바 없습니다."[18]

2001년 현재, 스미스소니언 협회의 답변을 요약하면 다음과 같다.

"스미스소니언 협회가 〈몰몬경〉을 신대륙의 고고학적 발견에 대한 과학적 가이드로 사용하였다는 근거 없는 주장에 대한 답변 요청이 2월 7일에 스미스소니언 협회 사무실에 접수되었습니다. 〈몰몬경〉은 종교 문헌이지 과학적 지침서가 아닙니다. 스미스소니언 협회는 〈몰몬경〉을 고고학적 연구에 사용한 적이 없습니다. 그러므로 스미스소니언 협회가 〈몰몬경〉을 고고학적 연구에 사용했다는 어떠한 정보도 진실이 아닙니다."

1. 언어들

〈몰몬경〉에 의하면, 아메리카에 도착한 첫 민족이 사용한 언어들은 히브리어와 이집트어였다. 이것이 사실이라면, 최소한 아

18) 태너, 〈몰몬교, 그림자인가 실제인가?〉, 97-98쪽.

메리카 원주민들 중의 일부는 이러한 언어적 기원을 명확하게 보여 주는 어떤 단어들을 사용하고 있어야 한다. 영어의 경우에는 그리스어와 라틴어 어근들을 담고 있는 수천 개의 단어가 있다. 이천 년이 지난 오늘날에도 여전히 이 어근들은 그리스어와 라틴어의 영향을 보여 주고 있다. 만약 〈몰몬경〉이 사실이라면, 아메리카 인디언들이 사용하는 많은 단어들이 히브리어와 이집트어 어근을 담고 있어야 할 것이다. 많은 영어 단어들이 에스파냐어, 프랑스어, 독일어에서 왔으며 현재 우리가 사용하고 있다. 그러나 히브리어와 이집트어는 아메리카 인디언 언어에서 전혀 찾아 볼 수가 없다.

우리는 일본어 단어인 "쯔나미"를 해일이라는 뜻으로 사용한다. 이렇듯 많은 외래의 단어들이 언어들 속으로 슬며시 들어가서 그 민족과 접촉하게 된다. 그러나 히브리어와 이집트어는 아메리카 원주민의 언어 속으로 들어가지 않았다.

〈몰몬경〉에 의하면, 히브리 이주자들은 글을 읽고 쓸 줄 알았다. 만약 히브리어와 이집트어가 중앙아메리카에서 발견된 모든 고고학적 발견들과 함께 발견되었을 만한 가장 가능성 있는 아메리카 원주민의 언어였다면, 히브리어나 이집트어로 된 문헌이나 묘비가 발견되었을 것이다. 몰몬교도들은 대양을 가로질러,

특히 일본으로부터 왔을 법한 일부 유물들을 제시하지만, 이러한 유물들이 아메리카 주민들이 대양 너머로부터 왔다는 것을 나타내는 것은 아니다.

나는 오레건 해안 근처에서 자랐다. 유년 시절에 해변을 걷는 것이 가장 좋아하는 소일거리였다. 그때 일본 해안에서부터 대양을 건너 흘러온 유리 어망을 보곤 했다. 그 유리 어망에 달린 유리 공은 흔한 물건이 아니었기에 다들 가지고 싶어 했는데, 바다를 계속 지켜보고 있으면 몇 개는 발견할 수 있었다. 오레건 주의 처음 거주자들이 일본으로부터 왔다는 어떠한 이론도 그 정당성을 입증하기 위해서는 훨씬 더 많은 증거들이 필요할 것이다. 마찬가지로 아메리카 인디언들이 이스라엘로부터 왔다는 사실을 보여 주기 위해서는 유물 몇 개나 의심스러운 묘비보다 훨씬 더 많은 증거들이 필요하다.

2. 동물들

"우리는 약속의 땅의 광야를 지나면서 온갖 짐승들, 곧 암소와 수소, 당나귀, 말, 염소, 들염소 등 사람들에게 유용한 온갖 들짐승을 보았으며, 금, 은, 구리 등이 담긴 온갖

광석들을 발견하였느니라."[19]

〈몰몬경〉 니파이일서 18:25에 언급된 모든 동물들이 콜럼버스가 아메리카를 발견한 후에 유럽에서 들여온 동물들이다. 이 동물들이 〈몰몬경〉의 이주자들이 아메리카에 정착했었을 시기인 기원전후 수백 년간 라틴 아메리카에 살고 있었으리라고는 전혀 믿을 수 없다. 오히려 아메리카 고유종인 알파카나 라마는 〈몰몬경〉에 언급된 적이 없다.

3. 민족들

아메리카의 오랜 거주민들은 잘 알려진 바와 같이 잉카인들, 아즈텍인들, 마야인들이다. 〈몰몬경〉에는 이들에 대한 언급이 전혀 없다. 대신에 야렛인들, 니파이인들, 레이맨인들이 언급된다. 모두 이스라엘 땅으로부터 이주했으리라 생각된다. 이들은 아메리카의 다른 역사에서는 전혀 언급되지 않는다. 아메리카 인디언들은 대부분 몽골인종 혈통이다.

아메리카의 민족들이 사용한 것으로 알려진 금속들에 더하여,

---

19) 〈몰몬경〉 니파이전서 18:25.

〈몰몬경〉은 철과 강철을 사용하였다고 기록하고 있다. 철을 많이 포함한 운석을 가끔 사용한 정도가 아니라, 제철 공업을 암시하는 내용이 나타난다.[20] 이 시기의 아메리카에서는 제철 공업이 역사학적으로 보고된 적도 없고, 고고학자들이 유물을 발견한 적도 없는 것이다. 아메리카 인디언들이 제철 공업을 이용하였고 아무 흔적을 남기지 않는 것이 가능하였다 할지라도, 어떠한 유물도 발견되지 않았다는 것은 고려해 볼 만한 추가의 증거이다.

---

20) 〈몰몬경〉 예이롬서 8, 니파이후서 5:15.

제 2 장

몰몬교의 구원

조셉 스미스의 계승자인 브리감 영은 "여기 신약 성경이 있다. 당신이 〈몰몬경〉과 〈교리와 성약〉은 내버려두고, 신약 성경의 교훈들을 따르고 있을 수도 있다. 나는 당신이 구원에 이른다고 보장한다."고 말한 바 있다.[1)]

그는 옳다. 성경을 따르라. 그러면 구원을 받을 것이다. 당신의 혼의 구원은 중요하다. 성경은 하나님의 말씀이며, 정확한 책이다. 다음을 기억하라.

---

1) 〈설교집〉, 1권, 244쪽. 〈몰몬교의 주장에 답변하다〉, 32쪽에 인용.

• 몰몬교도들이 성경이라고 생각하는 다른 책들은 모두 계속해서 개정되어 왔다.

• 〈몰몬경〉과 〈교리와 성약〉은 서로 모순된다.

• 조셉 스미스가 '아브라함서'라는 이름으로 번역한 이집트어 필사본은 아브라함에 의해 쓰인 것도 아니고, 아브라함에 관하여 쓰여 있지도 않으며, 단지 이집트 장례식에 관하여 적혀 있을 뿐이다.

몰몬교 교리에서 구원은 은혜, 선행, 침례, 예배 의례 등의 복잡한 조합에 달려 있다. 이러한 것들은 대부분의 몰몬교도들이 잘 모르는 것들이다. 그러나 몰몬교의 신학자들은 이러한 교리를 구성해 놓고, 여기에 조금 저기에 조금 이런 식으로 드러낸다.

나는 이 책의 독자들에게, 몰몬교에서 구원에 대해 무엇을 어떻게 가르치는지 알 수 있게 하기 위하여 856쪽 분량의 〈몰몬 교리, *Mormon Doctrine*, 1966〉라는 그들의 책을 많이 인용하였다.

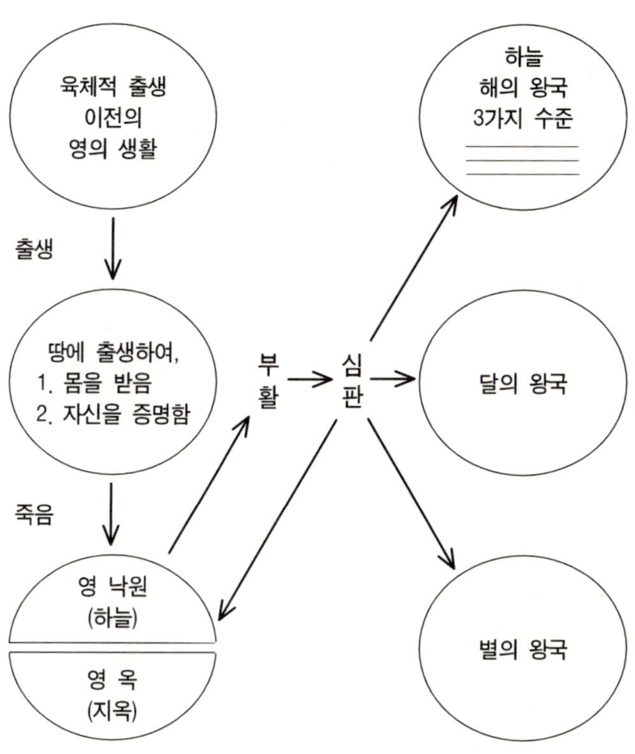

이 그림은 몰몬교의 구원관과 함께 몰몬교의 세계관을 전체적으로 보여 준다. 왼쪽 위의 "육체적 출생 이전의 영의 생활"에서 시작하여 화살표를 따라가면, 각 수준의 구원에 이르게 된다.

이 책은 몰몬교 사도이자 신학자인 브르스 맥콩키(Bruce R. McConkie)의 저술인데, 나는 독자들이 내 글을 점검해 볼 수 있도록 참고문헌을 제시하면서, 표기를 간략히 하기 위해 저자와 책 제목을 줄여 MMD라고 쓰기로 하겠다. 그리고 그 뒤에 쪽수를 표기할 것이다. 예를 들어 "MMD, 670쪽"과 같이 표기되어 있으면 "맥콩키의 〈몰몬 교리〉(McConkie, *Mormon Doctrine*), 670쪽"이라는 뜻이다. 몰몬교의 구원을 연구하는 과정에서 우리는 성경에서 말씀하시는 그리스도 안에서의 구원과 비교하게 될 것이다.

몰몬교 교리 체계는 한 사람이 죽으면 영옥과 낙원 중 하나에 가게 된다고 가르친다. 영옥에 간 사람은 그 영옥에서 복음을 받아들일 두 번째 기회를 갖게 된다. 그가 거기에서 복음을 받아들이면 낙원으로 올라갈 수 있게 된다. 심판 때에 그는 자기 몸으로 행한 것에 따라 심판을 받게 될 것이며, 하늘, 지옥 등의 여러 다양한 수준들 중의 하나에 할당될 것이다. 이러한 수준들에 대하여 가장 높은 수준인 '하늘'부터 차례로 구성하여, 이 각각의 수준들에 대한 몰몬교도들의 믿음과 어떻게 그 수준에 도달할 수 있는지에 대해 요약해 보았다.

해의 영광

몰몬교도들은 "영원한 진보"를 믿는다. 영원한 진보란 '사람들이 신들이 되고 있다,' '우리의 하나님이 되신 하나님 그분 자신도 한 때는 인간이었다.'와 같은 믿음이다. 맥콩키는 다음과 같이 조셉 스미스의 말을 인용한다.

> "하나님 그분 자신도 한 때는 현재의 우리와 같았으며, 현재 고귀한 인간이시다... 우리 모두의 아버지이신 하나님 그분 자신이 땅에 거하셨다..."[2)]

해의 왕국 안에는 세 가지로 구분되는 영광들이 존재한다. 해의 왕국에서 가장 낮은 수준에 들어가는 데 요구되는 조건은 믿음, 회개, 침례, 성령을 받음이다. 이 수준에는 여덟 살 이전에 죽은 아이들이 포함된다.

해의 왕국에서 중간 수준에 들어가는 데 요구되는 조건은 선행요건들(믿음, 회개, 침례, 성령을 받음)에 다음 두 가지 의식이

---

2) MMD, 321쪽.

성전에서 수행되어야 한다.

• "입회" : 씻음과 기름부음의 의식

• "엔다우먼트" : 특별한 축복, 교훈, 몰몬교 성전에서 받는 거룩한 의복

이러한 의식들은 살아 있는 사람들을 위해서뿐만 아니라 죽은 사람들을 위한 대리인에게도 시행된다.

모든 수준들 중에서 가장 높은 수준은 해의 영광이며, 승영(exaltation 하나님의 영광스러운 상태에 오름)과 영생이라고도 일컬어진다. 이 수준에 있는 사람은 신이 되었으며, 영의 자손들을 낳고, 다른 세계에서 그 자손들과 거주할 것이다. "거의 예외 없이, 이것이 성경이 말씀하시는 바로 그 구원이다."[3] 이미 언급된 모든 선행요건들을 모두 가진 사람들에게는 "하늘의 결혼이 하늘의 세계에서 가장 높은 하늘에 오르는 관문이다".[4] 하늘의 결혼은 몰몬교 성전에서 결혼하는 것을 언급한다. 거기에 들어가기 위해 갖추어야만 하는 다른 것들로 맥콩키가 언급

3) MMD, 670쪽.

4) MMD, 118쪽.

하는 것들은 은혜, 복종, 선행, 의, 헌신, 성화, 끝까지 신실함 등이다.[5)]

그리스도께서 은혜로 우리에게 주시는 구원에 관한 맥콩키의 생각은 성경에서 말씀하시는 구원과는 판이하게 다르다. 맥콩키는 "불멸은 오직 은혜에 의해서만 온다. 그러나 그것을 얻은 사람들은 영원 속에서 저주받은 자기 자신을 발견하게 될 수도 있다."고 썼다. 맥콩키는 우리에게 〈몰몬경〉의 앨마서 11:37-45을 제시하면서 계속해서 다음과 같이 썼다. "영원한 생명, 그것은 영원한 존재들에 의해 향유되는 삶의 형태로서, 은혜와 복종에 의해서 온다."[6)]

달의 영광

이 두 번째 수준의 영광은 단지 해의 영광의 반영일 뿐이다. 이 수준으로 구원된 사람들은 결혼하지 않은 상태와 승영이 없는 상태로 영원히 남아 있게 된다.[7)] 이 수준에 가는 사람들은

5) MMD, 669-670쪽.

6) MMD, 671쪽.

올바르고, 존경할 만한 삶을 살았으나, 다음 몇 가지 범주 중의 하나에 속하게 된다.

• 율법 없이 죽고, 육체의 죽음 이후에 복음을 받아들이지 않은 사람들

• 이 세상에서는 복음을 받아들이지 않고, 영의 세계에서 복음을 받아들이는 사람들

• 세상에서는 존경을 받으나, 인간의 간사함으로 눈이 멀어 복음을 받아들이지 않은 사람들

• 교회와 의에 대한 헌신에 있어서 용감하지 않은 몰몬교도들

별의 영광

대부분의 사람들은 가장 낮은 수준의 영광인 별의 왕국에서 끝나게 될 것이다. 이들은 복음을 받아들이지 않은 사람들이다.[8] 몰몬교 교리 체계에서는 예수 그리스도가 모든 사람을

7) MMD, 784쪽.

8) 〈교리와 성약〉 76:101.

구원한다. 그러나 단지 육체적인 죽음으로부터만이다. 즉 모든 사람이 죽음이후에 부활하여 어디선가 살 수 있게 될 것이라는 것이다. 어디서 살게 될 것이냐는 그 사람 자신의 행실에 달려 있다.

> "이러한 일반적이고 무조건적인 구원을 얻게 되는 사람들은 여전히 그들의 행실에 따라 심판받게 될 것이며, 달의 왕국이나 별의 왕국에서 그들이 거할 곳을 받게 될 것이다. 그러므로 그들은 저주를 받은 것이다..."[9)]

해의 영광에서 가장 높은 수준인 승영을 받고 신들이 된 사람들만이 완전한 구원을 받은 것이다.[10)]

몰몬교 교리에 의하여, 저주라 불리는 가장 낮은 수준의 영광에서 발견될 사람들은 어떤 사람들일까?

• 지금까지 살았던 대부분의 어른들: 교만한 자들, 거짓말쟁이들, 도둑들, 마법사들, 간음자들, 하나님을 모독한 자들, 살인자들

9) MMD, 669쪽.

10) MMD, 670쪽; 〈몰몬경〉 앨마서 11:37-41.

• "부활 이후에, 지옥에서 고통을 겪은 많은 자들이 별의 왕국에 들어가게 될 것이다."11)

지 옥

그 선지자(브르스 알 맥콩키)는 "분파주의자들은 수백 명씩, 수천 명씩, 수백만 명씩 지옥으로 가고 있다"12)고 말했다.

> "그들 중에 마법사들, 간음자들, 음행자들, 그릇되이 맹세하는 자들, 일꾼을 그 품삯으로 억압하는 자들, 교만한 자들, 사악하게 행하는 모든 자들"13)

> "또 만일 그들이 회개하여 그의 이름을 믿고, 그의 이름으로 침례 받고, 끝까지 견디지 아니하면, 그들은 반드시 저주를 받으리니,"14)

---

11) MMD, 350쪽.

12) MMD, 350-351쪽.

13) MMD, 350쪽.

"현대 기독교계의 교리를 믿는 자들은 그들의 혼에 저주를 열매로 거두리라..."[15]

"만약 조셉 스미스와 그에 의한 교회의 회복이 없었다면, 어떤 구원도 없었으리라. 예수 그리스도 후기 성도 교회 밖에서는 어떠한 구원도 존재하지 않는다."[16]

지옥은 몰몬교 교리에 의하면 부활 이후 극소수의 사람만이 있게 된다.

"부활 이후에, 지옥에서 고통을 겪은 많은 사람들이 별의 왕국에 들어가게 될 것이며, 지옥은 멸망의 아들들과 같이 저주받은 나머지들을 마귀와 그의 천사들과 함께 끝없는 고통에 처하도록 넘겨받게 될 것이다."[17]

---

14) MMD, 177쪽: 〈몰몬경〉 니파이후서 9:24 인용.

15) MMD, 177쪽.

16) MMD, 670쪽.

17) MMD, 350쪽.

이 마지막 부분에 대해서는 교리 해석 간에 약간의 차이가 있다. 사도 존 윗소는 다음과 같이 말했다.

> "예수 그리스도 후기 성도 교회 내에서는 지옥이 있을 수 없다. 모든 성도가 일정한 수준의 구원을 발견하게 될 것이다."[18)]

그러나 구원에 관한 한 대부분의 몰몬교도들이 그렇게 성공적이지는 않다. 왜냐하면 〈몰몬경〉에는 지옥으로부터의 구원이 없다고 매우 분명히 적혀 있기 때문이다. 〈몰몬경〉에는 마귀가 사람들을 속이면서 "지옥이 없다."고 속삭인다고 적혀 있다.

> "또 다른 이들은 그가 달래며, 속여 가서 육신에 속한 안전에 거하게 하리니, 이에 그들이 말하기를, 시온에서 모든 것이 잘 되고 있도다, 참으로 시온은 번성하나니 모든 것이 잘 되고 있도다 할 것이라 - 이같이 악마가 그들의 영혼을 속여, 조심스럽게 그들을 인도하여 지옥으로 내

---

18) 〈증거와 화해, *Evidences and Reconciliations*〉, 1960년 판, 216쪽. 마빈 코우언, 〈몰몬교의 주장에 답변하다〉, 117쪽에서 인용.

려가느니라. 또 보라, 다른 이들은 그가 달콤한 말로 속이며 그들에게 이르기를, 지옥은 없다 하고 그들에게 이르기를, 나는 결코 악마가 아니니 이는 악마란 없는 것임이라 하나니 - 이같이 그가 그들의 귀에 속삭이기를, 그의 끔찍한 사슬로 그들을 움켜쥐기까지 하나니 이에서는 건져냄이 없느니라. 참으로 그들은 사망과 지옥으로써 붙잡힌 바 되었나니, 사망과 지옥과 악마와 이로써 붙잡힌 바 된 모든 자는, 하나님의 보좌 앞에 서서 그들의 행위에 따라 심판을 받아야 하며, 그 곳에서 그들을 위해 예비된 처소, 곧 끝없는 고통인 불과 유황의 못으로 들어가야 하느니라."[19]

〈몰몬경〉과 성경은 지옥이 누구도 빠져나올 수 없는 영원한 형벌의 장소라는 사실에서는 일치한다. 지옥을 두려워하는 마음은 많은 사람들로 하여금 회개하게 하고 구원을 받기 위해 그리스도께로 돌아서게 한다. 반면에 다른 종교의 사람들은 성경이 틀렸으며 지옥 같은 것은 없다고 확신하고 싶어한다.

---

19) 〈몰몬경〉 니파이후서 28:21-23. 또한 〈몰몬경〉 앨마서 34:35을 보라.

어떤 몰몬교도들은 지옥이 하나님의 형벌의 장소이며, 하나님은 영원하시고, 그러므로 지옥이 영원한 형벌의 장소라는 주장을 내놓기도 했다. 대부분의 몰몬교도들은 심판 때에 상대적으로 적은 수의 멸망의 아들들이 지옥에 돌려보내진다는 맥콩키의 의견에 동의할 것이다.

몰몬교의 구원과 성경적 구원

친애하는 몰몬교 친구여, 우리가 구원에 관하여 고려할 때 당신이 어디로 가고 있는지를 아는가가 가장 중요하다. 구원에 관한 몰몬교의 가르침은 매우 복잡하며, 당신을 좌절시킬지도 모른다. 그러나 내가 당신에게 묻고 싶은 것은 당신의 미래에 치명적인 것이다. 당신은 구원받았는가? 당신의 구원에 필요한 모든 것을 진실로 실행했는지 당신은 알 수 있는가? 또 당신은 그것들을 끝까지 신실하게 계속해서 실행할 수 있는가?

몰몬교든 다른 종교나 종파든, 어떤 교리적 체계도 그 체계가 보여 주는 구원이 구원받고자 하는 사람 그 스스로의 노력에 많이 달려 있는 것이라면, 그 체계가 그 사람에게 구원에 대한 보장을 제공할 수 있겠는가? 어째서 제공할 수 없는가?

『이는 모든 사람이 죄를 지었으므로 하나님의 영광에 이르지 못하다가』(롬 3:23).

『기록된 바와 같으니 "의인은 없나니 없도다, 한 사람도 없도다』(롬 3:10).

당신 또한 죄를 지었으며, 혹시 다른 사람들보다 더 많이 죄를 지었을지도 모른다. 아니면, 다른 사람보다는 적게 죄를 지었을지도 모르지만, 하나님께서 보시기에 그릇된 것들을 행해 온 것이다. 게다가 미래에는 더 많이 죄를 지을지도 모른다. 그러므로 당신은 하나님께서 당신이 유죄라고 심판하시지 않는다고 확신할 수 없을 것이다.

몰몬교의 가르침들은 사람의 행위들에 대한 소망을 훨씬 덜 확신하도록 만든다.

" '몰몬교 교인이라는 사실 하나만으로는 하나 또는 또 다른 저주로부터 그 개인을 지켜 주지 못한다는 것이 명백하다.' 이 구절은 의심하는 자나 계명들을 준수하는 데 게으른 자도 '정죄받기는 마찬가지'라고 결론을 내린다."[20]

교만한 자들, 거짓말쟁이들, 가난한 사람들을 돕지 않는 자들조차도 지옥에 간다.[21] 조셉 에프 스미스 회장은 출생 조절이 "오늘날 세상에서 행해지는 가장 큰 범죄들 중의 하나"라고 믿는다고 말했었다.[22] 몰몬교 교리에서는 당신의 구원이 당신의 행위들에 많이 달려 있다. 그렇다면, 당신이 구원받을 수 있는 가능성이 있는가?

복음은 당신과 나의 죄에 대한 심판과 처벌을 그리스도 자신께서 짊어지셨다는 것이다. 『죄의 삯은 사망』이라는 사실은 절대적인 진리이다. 그러나 진정으로 놀라운 진리는 『하나님의 선물은 예수 그리스도 우리 주로 말미암은 영원한 생명』(롬 6:23)이라는 것이다. 그 선물은 우리가 믿음으로 그것을 받아들였을 때 우리의 것이 된다.

하나님께서 죄인들에게 주시는 구원은 하나님의 율법을 지켜

---

20) MMD, 177쪽, 〈교리와 성약〉 58:26-29.

21) MMD, 350쪽.

22) MMD 86쪽.

행하는 우리 자신의 능력에 달려 있지 않다. 『그러므로 우리는 사람이 율법의 행위들이 없이 믿음으로 의롭게 된다고 단정하노라』(롬 3:28). 구원은 믿음으로 그리스도를 받아들인 죄인들에게 주시는 하나님의 선물이다.

내가 당신을 혼란스럽게 만들었을지도 모르겠다. 그러나 그리스도 안에서의 우리의 믿음과 우리의 행위들 사이의 관계를 분명하게 해 주는 구절이 여기 있다.

『너희가 믿음으로 말미암아 은혜로 구원을 받았으니 이것은 너희에게서 난 것이 아니요, 하나님의 선물이라. 행위에서 난 것이 아니니 아무도 자랑하지 못하게 하려 하심이라. 우리는 그분의 작품이니 그리스도 예수 안에서 선한 일들을 위하여 창조되었느니라. 이 일들은 하나님께서 미리 정하시어 우리로 그것들 가운데서 행하게 하려 하신 것이라』(엡 2:8-10).

만약 우리의 구원이 우리가 죽기 전에 백만 달러를 저축하는 것에 달려 있다면, 그렇게 될 수 있도록 열심히 노력하겠지만, 우리 중 대부분이 결코 백만 달러를 저축하지 못할 것이다. 그러나 만약 누군가 그 백만 달러를 우리에게 준다면, 우리는 확실히 구원을 받을 수 있을 것이다.

우리는 단지 선행들을 하는 것만으로는 우리의 혼들을 구원할 수 없다. 하나님의 율법은 우리가 이 사실을 알도록 해 준다. 율법은 우리의 죄들에 빛을 비추어 잘 드러나게 해 주고, 우리가 회개하도록 도와주고, 하나님께서 그분의 은혜로 그리스도 안에서 우리에게 주신 온전한 구원을 받아들이게 해 준다. 이것이 우리가 믿음을 통하여 받게 되는 선물인 것이다.

우리가 그 선물을 받았을 때, 우리의 영적인 생명이 시작되며, 예수 그리스도의 영이 우리의 삶을 형성하게 된다. 우리가 행하는 선한 행위들은 우리가 선물로 받은 구원으로부터 나온 결과인 것이다. 우리가 구원을 받았을 때 우리는 그리스도의 작품이 되는 것이며, 그분은 우리의 삶을 인도하신다. 그분께서 우리를 죄를 짓지 않고 선한 행위들을 하도록 인도하시는 것이다. 아래에 그려진 작은 기차 모형이 이러한 사실을 잘 이해하도록 해 준다.

우리의 구원은 우리의 선한 행위들에 의해 끌려오는 것이 아니다. 오히려 우리의 구원이 선한 행위들을 이끌어오는 것이다. (에베소서 2:8-10)

성경은 『우리는 사람이 율법의 행위들이 없이 믿음으로 의롭게 된다고 단정하노라』(롬 3:28). 충분히 선하게 판단받기 위해서 당신의 행위들에 의존하지 말라. 당신이 죄인이라면, 죄인들을 구원하시는 그리스도께 의존하라. 『그리스도 예수께서 죄인들을 구원하시려고 세상에 오셨다』(딤전 1:15). 만약 당신이 당신 자신을 구원하기 위해 당신의 선한 삶을 신뢰하고 있다면, 당신은 그리스도를 당신을 구원하실 분으로 신뢰하고 있지 않다는 뜻이다.

그분의 구원은 당신이 여전히 저주받은 상태에 머물러 있도록 하는 반 정도 분량의 구원이 아니다. 그분의 구원은 단지 우리를 부활하게만 하고 온전히 구원받기 위해서는 우리 자신의 행위들에 의존하게 하는 그런 구원이 아니다.

『그러므로 그는 또한 자기를 통하여 하나님께 나아오는 자들을 끝까지 구원하실 수 있으니, 이는 그가 항상 살아 계셔 그들을 위하여 중보하심이라』(히 7:25).

당신은 십자가에서 회개한 강도를 기억할 것이다. 그는 예수님을 돌아보고 『주여, 주께서 주의 왕국에 임하실 때 나를 기억하소서.』라고 말하였다. 예수님께서는 그 강도가 충분히 선한 행위들을 했는지 알아보기 위해서 기록을 확인해 보겠다고 말씀하지 않으셨다. 그 강도는 범죄자였기 때문에 십자가에 못박힌 것이었다. 그 강도는 자기가 행해 온 그런 종류의 행위들로는 그 누구도 구원받을 수 없다는 사실을 알았기 때문에 그리스도를 돌아본 것이었다. 그는 게다가 침례도 받지 않은 상태였다.

십자가에 못박혀 예수님을 돌아본 그 강도에게 예수님께서는 말씀하셨다, 『오늘 네가 나와 함께 낙원에 있으리라』(눅 23:43). 이 말씀이 바로 예수 그리스도께서 그 강도에게 하신 바로 그 말씀이다. 이 구절은 몇몇 몰몬교도들이 주장하는 것처럼 잘못 번역된 구절이 아니다. 바로 이 구절에 사용된 '낙원'에 해당하는 헬라어 원문의 단어는 영어 철자로 쓰면 "paradeiso"이다. '낙원'에 해당하는 영어 단어 'paradise'가 바로 이 단어에서 유래했다. 당신 스스로가 헬라어-영어 대조 신약 성경에서 확인해 볼 수 있다. 예수님께서는 그분을 돌아본 그 죄인을 구원하신 것이다.

당신이 일단 구원받으면, 하나님께서는 당신이 선한 행위들을 하도록 도우실 것이다. 왜냐하면 당신이 구주 안에서 믿음을 통하여 은혜로 구원을 받았기 때문이다. 당신의 구원은 당신의 행위들에 달려 있지 않다. 당신의 구원은 그리스도의 구원하시는 능력에 달려 있다. 이것을 다른 방식으로 설명해 보겠다.

당신이 바다에 빠져 구조대원에게 소리를 질렀다. 그 구조대원이 당신을 구원하려고 바다로 뛰어들었다. 그 구조대원이 성공하느냐 실패하느냐는 당신이 얼마나 선한 사람이었느냐에 달려 있지 않다. 그 구조대원의 성공여부는 그 구조대원의 수영 실력에 달려 있다. 당신의 믿음을 당신 자신의 행위들에 두지 말고 예수 그리스도께로 옮겨야 한다. 그분을 당신의 구주로 받아들여라.

<몰몬경>에 '성전 결혼'에 대하여 쓰여 있는가?

성전 결혼은 몰몬교 교리 중에서 가장 중요한 것들 중의 하나이다. 성전 결혼 없이는 어떤 몰몬교도도 완전한 구원에 이를 수 없다. 맥콩키는 다음과 같이 언급했다.

> "진실되고 충만한 의미의 구원이란 승영 즉 영생을 의미하며, 하늘의 왕국에 존재하는 세 개의 하늘들 중에서 가장 높은 하늘에서의 상속권을 얻는 것과 같다. 거의 예외없이 이것이 성경에서 말씀하신 구원이다... 이러한 충만

한 구원은 영원에서의 가족의 연속을 통해서 또 가족의 연속 안에서 얻어지는 것이다. 이러한 충만한 구원을 얻은 사람들은 하나님들인 것이다."[23]

충만한 구원을 얻은 사람들은, 신들로서 영의 자손들을 낳고, 그들과 함께 다른 세계들에서 거주하게 될 것이다. 성전 결혼은 몰몬교의 구원에서 핵심이기 때문에, 맥콩키는 그 중요성을 강조한다.

"예수 그리스도 후기 성도 교회의 모든 구성원들이 행해야 할 가장 중요한 것들은 1) 올바른 사람과 올바른 장소에서 올바른 권위에 의해 결혼하는 것과 2) 이러한 거룩하고 온전한 질서 속에서 이루어진 언약을 준수하는 것이다. - 순종하는 사람들에게는 하늘의 왕국에서 승영의 상속권이 보장된다."[24]

결국 맥콩키가 의미하는 바는 충만한 구원이라는 것이 우선

---

23) MMD 670쪽.

24) MMD 118쪽.

몰몬교 성전 예식에서 올바른 사람과 결혼하는 것에 달려 있다는 것이다.

몰몬교의 경전에는 〈몰몬경〉이 "복음의 충만함",[25] "나의 영원한 복음의 충만함"[26]을 담고 있으며 거의 모든 복음의 교리들을 그 안에서 가르쳐 주고 있다고 쓰여 있다. 그러나 〈몰몬경〉의 어디에 영원을 위해서 성전에서 결혼하는 것이 충만한 구원을 얻는 유일한 길이라고 쓰여 있는가? 그러한 생각은 〈몰몬경〉에 언급조차 되어 있지 않다.

〈몰몬경〉 자체의 구절들은 오늘날의 몰몬교 교리와는 현저하게 다르다. 〈몰몬경〉의 많은 구절들은, 성경에서와 마찬가지로, 온전한 구원이 성전 결혼식에 참여하는 것이 아니라 예수 그리스도 안에서의 믿음에 의한다고 가르쳐 주고 있다.

> "오 기억하라, 나의 아들들아, 베냐민 왕이 그 백성에게 한 말을 기억하라. 참으로 사람이 구원받을 수 있는 길이나 방법이 달리 없고, 오직 장차 오실 예수 그리스도의 속죄의 피를 통하여서일 뿐임을 기억하라. 참으로 그가 세상

---

25) 〈교리와 성약〉 20:9.

26) 〈교리와 성약〉 27:5.

을 구속하러 오신다는 것을 기억하라."[27]

"또 보라, 그가 자기 백성에게 오시나니, 이는 그의 이름을 믿는 신앙을 통하여 구원이 사람의 자녀들에게 임하게 하려 하심이라. 그리고 이 모든 일 이후에도 그들은 그를 사람이라 생각하여, 그가 귀신 들렸다 말할 것이요, 그를 채찍질할 것이요, 그를 십자가에 못 박으리라."[28]

"또 더욱이 내가 네게 이르노니, 사람의 자녀들에게 구원이 이를 수 있는 다른 아무 이름이나 다른 어떠한 길이나 방법도 주어지지 아니하리니, 다만 전능하신 주 그리스도의 이름으로 그리고 그 이름을 통하여서만 구원이 올 수 있느니라."[29]

"이는 보라 그리스도가 심판하시매, 그의 심판이 공의로우며 그 유아기에 죽는 유아는 멸망하지 아니하되, 사람들이

---

27) 〈몰몬경〉 힐라맨서 5:9.
28) 〈몰몬경〉 모사이야서 3:9.
29) 〈몰몬경〉 모사이야서 3:17.

스스로를 겸손하게 낮추어 어린아이와 같이 되고, 구원이 전에나, 지금에나, 장차에나, 전능하신 주 그리스도의 속죄의 피로 그리고 그 피를 통하여 임함을 믿지 않는 한 그들은 그들 스스로의 영혼을 위하여 저주를 마심이 됨이니라."[30)]

위의 마지막 두 구절은 다른 어떤 것도 인간의 구원에 더해져 있지 않다는 것을 언급할 뿐만 아니라, 미래에도 그렇게 되지 않을 것이라는 것 또한 언급하고 있다. 이러한 구절들은 온전한 구원에 이르는 길에 관한 다른 계시가 나중에라도 있을 가능성을 배제시켜 준다. 온전한 구원에 이르는 길로서 성전 결혼 같은 것이 제시될 가능성을 배제시켜 준 것이다.

내가 여기서 지적하는 요점은 〈몰몬경〉은 성전 결혼 예식을 가르치고 있지도 않으며, 성전 결혼 예식이 우리의 구원과 관련되어 있다고 가르치지도 않는다는 것이다. 오히려 〈몰몬경〉은 소위 "나의 영원한 복음의 충만함"[31)]이다.

〈몰몬경〉뿐만 아니라, 성경 역시 성전 결혼 예식을 언급하고

30) 〈몰몬경〉 모사이야서 3:18.

31) 〈교리와 성약〉 27:5. 20:9도 보라.

있지 않다. 만약 성전 결혼이 충만한 구원에 진정으로 필수적인 것이고 한 몰몬교도가 이 생애에서 행해야 할 가장 중요한 것이라면, 〈몰몬경〉과 성경이 둘 다 복음의 가장 중요한 부분을 완전히 놓친 것이 된다. 〈몰몬경〉과 성경 둘 다 단지 부활만을 위해서가 아니라 온전한 구원을 위한 유일한 길로서도 그리스도 안에서의 믿음을 가르치고 있다.

조셉 스미스는 충만한 구원이 성전 결혼에 달려 있다는 다른 복음을 전하고 있다. 성경은 다음과 같이 말씀하신다.

『그러나 우리뿐만 아니라 하늘에서 온 천사라도 우리가 너희에게 전한 것 외에 어떤 다른 복음을 전한다면 그는 저주를 받으리라. 우리가 전에도 말한 것같이 지금도 내가 다시 말하노니 누구든지 너희가 받은 것 외에 어떤 다른 복음을 전한다면 그는 저주를 받으리라』(갈 1:8-9).

우리는 예수 그리스도에 의해 구원을 받았는가, 아니면 결혼에 의해 구원을 받았는가? 몰몬교 교리가 갈수록 흥미로워진다!

얼마나 많은 아내들을?

〈몰몬경〉의 기록을 이미 끝내고 〈교리와 성약〉의 기록을 거의 끝낼 즈음에, 조셉 스미스는 여러 명의 아내를 얻는 것에 관하여 생각하고는, 〈교리와 성약〉 132편을 썼다. 〈교리와 성약〉 132편은 여러 명의 아내를 얻는 것에 관하여 명령하고 있다.

제1절은 주제를 소개하고 있다. "진실로, 이같이 주가 너, 나의 종 조셉에게 이르노라, 많은 처와 첩을 두는 원리와 교리에 관련하여 나 주가 나의 종들 곧 아브라함, 이삭 그리고 야곱, 또한 나의 종 곧 모세, 다윗 그리고 솔로몬을 의롭다 한 그 이유를 네가 알고 이해하고자 내 손에 물었으므로-" 그리고 제3절에서는 "그러므로 내가 네게 주려 하는 가르침을 받으며 순종할 마음의 준비를 갖추라. 이는 이 율법을 계시받은 자는 모두 반드시 이에 순종해야 함이니라."고 쓰여 있다.[32)]

〈교리와 성약〉 132편을 읽는 자에게 여러 명의 아내를 얻는 것과 관련된 교훈임을 마음에 준비하게 한 후에 132편 4절에서 핵폭탄을 떨어뜨린다! 나는 중요 부분을 강조하기 위하여 굵은

32) 〈교리와 성약〉 132:3.

글자로 표시하였다.

> "보라, 이는 내가 너희에게 새롭고도 영원한 성약을 계시함이니, 만일 너희가 그 성약을 지키지 아니하면, 너희는 정죄 받느니라. 이는 아무도 이 성약을 거부하고는 나의 영광에 들어오기를 허락받을 수 없음이니라."[33]

몰몬교 경전인 〈교리와 성약〉의 이 구절에 따르면, 모든 경우에, 여러 명의 아내에 관한 새로운 성약을 깨뜨리는 사람은 누구라도 영광에 들어갈 수 없다. 오직 한 아내와 결혼하는 것은 정죄를 받는 것이다.[34]

나는 〈교리와 성약〉 132편의 이 구절이 실제로 하나의 새로운 성약인 것은 아니고, 단지 이미 소개된 성약들에 덧붙여진 세부 항목일 뿐이라는 일부 몰몬교도들의 주장을 듣긴 했지만, 조셉 스미스는 그렇게 말하지 않았다. 조셉 스미스는 이 구절을 "**새롭고도 영원한** 성약"이라고 말했다.

조셉 스미스는 그의 아내 에머가 이 성약을 매우 기뻐하리라

33) 〈교리와 성약〉 132:4.

34) 〈교리와 성약〉 132:1-7, 32-34, 39-41.

고 기대하지는 않았지만, 〈교리와 성약〉 132편의 내용이 반드시 지켜야만 하며, 지키지 않았을 경우에는 정죄를 받게 되는 명령임을 그의 아내에게 제시하였다. 우리는 조셉 스미스가 이 주제에 관하여 그의 아내와 우리에게 여러 명의 아내를 얻도록 하나님께서 실제로 명령하셨다는 확신을 주기 위해 지속적으로 노력한 바로 그 방식을 따라 하나씩 하나씩 짚어 가도록 하겠다.

결국 조셉 스미스는 그가 〈교리와 성약〉보다 이전에 기록했던 〈몰몬경〉의 매우 명백한 언급들과는 모순된 주장으로 결말을 짓게 된다. 〈몰몬경〉의 구절들에서는 일부다처가 그릇되며, 하나님께 가증한 일이라고 가르치고 있다.

> "보라, 다윗과 솔로몬이 진실로 많은 처와 첩을 두었거니와, 그 일은 내 앞에 가증하였느니라, 주의 말이니라. 그런즉 이같이 주가 이르노라. 내가 내 팔의 권능으로, 예루살렘 땅에서 이 백성을 인도해 낸 것은, 요셉의 허리의 열매로부터 한 의로운 가지를 나를 위하여 일으키려 함이었느니라. 그런즉 나 주 하나님은 이 백성이 옛적의 그들처럼 행할 것을 용납하지 아니하리라. 그런즉 나의 형제들아, 내 말을 듣고 주의 말씀에 귀를 기울이라. 이는 너희

중 아무라도 오직 한 아내를 둘 것이요, 첩은 하나도 두지 말 것임이니,"[35]

〈교리와 성약〉 132:39에서 얼마나 명백하게 모순되는지 주목하라.

"다윗의 처들과 첩들은 나의 종 나단과 그리고 이 권능의 열쇠를 지녔던 다른 선지자들의 손으로 나로 말미암아 그에게 주어졌고, 이 일들에 그가 나를 거스려 죄를 범한 일이 하나도 없으되, 다만 우리아와 그의 아내의 경우뿐이니, 그러므로 그는 자기 승영에서 떨어져 자기 몫을 받았고 이 세상 밖에서는 그들을 상속받지 못하리니, 이는 내가 그들을 다른 자에게 주었음이니라. 주가 이르노라."

〈몰몬경〉에는 다윗의 여러 명의 아내가 주께 가증한 일이라고 명백하게 언급되어 있다. 그러나 반대로 〈교리와 성약〉에는 하나님께서 다윗에게 그 아내들을 주셨으며 이 일로 죄를 지은 것

35) 〈몰몬경〉 야곱서 2:24-27.

이 없다고 적혀 있다.

〈교리와 성약〉 132:52에 이르러서 조셉 스미스는 하나님으로 하여금 이렇게 말씀하시게 한다.

> "그리고 나의 여종 에마 스미스는 나의 종 조셉에게 주어진 사람으로서 내 앞에서 유덕하고 순결한 자 모두를 받아들이라. 순결하지 아니하면서 순결하다 말한 자들은 멸망당하리라. 주 하나님이 이르노라."

조셉 스미스는 이제 자기의 새로운 가르침의 최고조에 도달하여, 이 새로운 가르침을 사람들이 마음으로 받아들이도록 준비시키려고 〈교리와 성약〉 132편 61절과 62절을 기록한다.

> "그리고 또, 신권의 율법에 관하여 이르노니, 만일 어느 남자가 한 처녀를 맞아들이고 또 다른 이를 맞아들이기 원하여 첫째가 이를 승낙하여 그가 둘째를 맞아들이고, 그들이 처녀요 다른 아무 남자에게도 서약을 하지 아니하였으면, 그는 의롭다 함을 얻느니라. 그들이 그에게 주어졌은즉, 그는 간음을 범할 수 없나니, 이는 자기에게 속하고

다른 아무에게도 속하지 아니한 자와는 간음을 범할 수 없음이니라. 그리고 이 율법으로 그에게 열 처녀가 주어져도 그는 간음을 범할 수 없나니, 이는 그들이 그에게 속하여 있음이요, 또 그들은 그에게 주어졌음이라. 그러므로 그는 의롭다 함을 얻느니라."

조셉 스미스는 〈교리와 성약〉이라는 이 몰몬교 경전의 132편을 끝맺음할 때, 새롭고도 영원한 성약을 받아들여 자기 남편으로 하여금 여러 명의 아내를 얻게 하기를 바라지 않는 아내들이 멸망당하리라는 위협으로 끝맺음한다. 브리태니커 백과사전에 조셉 스미스에 대해 기록한 내용으로 볼 때, 에머는 결국 이 새롭고도 영원한 성약에 따른 것 같다.

"...조셉 스미스가 50명의 아내와 결혼했다는 증거가 있다."[36]

모든 사람이 받아들이지 않으면 정죄를 받아야만 하는 여러

36) 〈브리태니커 백과사전〉 CD 98, "조셉 스미스" 항목.

명의 아내에 대한 이 새롭고도 영원한 성약은 1843년에 기록되었다. 미국에서는 일부다처가 불법이기 때문에, 이 새롭고도 영원한 성약은 영원할 수 없었다. 미국 연방 정부가 예수 그리스도 후기 성도 교회에 그러한 관례를 멈추도록 엄격하게 위협하였기 때문이다. 1890년 10월 6일 예수 그리스도 후기 성도 교회의 회장인 윌포드 우드럽(Wilford Woodruff)의 선언문이 발표됨으로써 이 새롭고도 영원한 성약은 철회되었다.

> "...이에 이제 본인이 후기 성도에게 주는 권고는 이 땅의 법으로 금지된 어떠한 혼인도 맺는 것을 삼가라는 것임을 공식적으로 선언하는 바이다."[37]

여러 아내를 얻지 않은 몰몬교도들이 영광에 들어갈 수 있을까? 두 가지 가능성이 있다.

• 이 새롭고도 영원한 성약은 몰몬교 경전에서 "영원한 성약"이라 불렸으나, 나중에 교회 회장이 정확한 폐기 절차도 없이,

---

37) 〈교리와 성약〉 공식선언-1.

몰몬교도들에게 여러 명의 아내를 얻지 않도록 충고하는 선언문을 발표할 때까지 단지 47년간만 유효한 것이었다. 아마도 이 새롭고도 영원한 성약은 더 이상은 유효하지 않은 것 같다.

• 나머지 가능성은 이 새롭고도 영원한 성약이 여전히 유효하여서 여러 명의 아내를 얻은 사람들만이 충만한 구원을 얻는다는 것이다. 대신 여러 명의 아내를 얻지 않은 나머지 몰몬교도들은 〈교리와 성약〉 132편 4절과 6절에서 강력하게 주장한 바와 같이 정죄를 받을 것이다.

이 새롭고도 영원한 성약이 여러 명의 아내를 얻는 것에 관한 성약이 아니라는 주장도 계속 있어 왔다. 그러나 이런 주장을 하는 사람들에게 상기시켜 주고 싶은 것은 이 새롭고도 영원한 성약이 주어진 직후에 조셉 스미스와 대부분의 몰몬교 지도자들이 이 구절들에게 대한 올바른 해석이라며 여러 명의 아내를 얻었다는 것이다. 누가 이 새롭고도 영원한 성약을 더 잘 이해했는가? 조셉 스미스와 당시의 몰몬교 지도자들인가, 아니면 이 새롭고도 영원한 성약에 대해 새로운 의미를 부여하려는 현재의 사람들인가?

대부분의 몰몬교도들은 현재 자신이 거주하는 지역의 법을 따르고 있으며, 지상에서는 오직 한 아내만을 얻는다. 그러나 하늘에서는 다르다. 몰몬교도인 남성은 여전히 성전에서 영원을 함께 할 많은 여성들과 결혼할 수도 있을 것이다. 이런 경우에 그들 모두는 하늘에 올라가고, 그 여성들은 그의 아내들이 될 것이고, 많은 자녀들을 낳게 될 것이다.

이 점에서 몰몬교의 가르침과 성경의 가르침은 상반된다.

『예수께서 대답하여 그들에게 말씀하시기를 "너희가 성경도, 하나님의 능력도 모르므로 오해하고 있도다. 부활 때에는 그들은 장가도 시집도 가지 아니하고 하늘에 있는 하나님의 천사들과 같으니라』(마 22:29-30).

몰몬교들은 이 부분에서만큼은 성경과 몰몬교 경전들 사이의 차이를 성경 번역에서의 오류라고 주장하지 못한다. 왜냐하면 성경의 다른 두 부분인 마가복음 12:25과 누가복음 20:35에서도 같은 가르침을 주고 계시기 때문이다.

이제 여러 명의 아내에 관한 우리의 논의를 끝맺고자 한다. 구약성경에서 일부다처가 언급될 때, 일부다처에서 유발되는 문제

점들이 자주 지적되었었다. 신약성경에서는 교회의 지도자들에게 오직 한 사람의 아내만이 허락되었다.

『그러므로 감독은 비난받을 일이 없어야 하고, 한 아내의 남편이어야 하며, 절제하고 신중하며, 예의 바르고 대접하기에 힘쓰며, 가르치기를 잘하고』(딤전 3:2).

『집사들은 한 아내의 남편으로서 자신의 자녀와 집안을 잘 다스려야 할지니라』(딤전 3:12).

"나의 영원한 복음의 충만함"(〈교리와 성약〉 27:5)이라고 기록된 〈몰몬경〉이 일부다처를 완벽하게 금지하고 있다.[38)]

이 점에서는 〈몰몬경〉이 교회의 지도자들에게 일부다처를 금지하고 계신 신약성경의 말씀과 비슷하다. 그러나 저주를 피하기 위하여 일부다처를 요구하는 "새롭고도 영원한 성약"[39)]에 대해서 성경 말씀은 정반대이다.

우리는 일부다처를 반대하는 "나의 영원한 복음의 충만함"인

---

38) 〈몰몬경〉 야곱서 2:24-27.

39) 〈교리와 성약〉 132:4, 6.

〈몰몬경〉이 예수 그리스도 후기 성도들에게 여러 명의 아내를 얻도록 요구하는 〈교리와 성약〉의 "새롭고도 영원한 성약"에 의해 폐기되었다고 믿어야 하겠는가? 새롭고도 영원한 성약은 단지 47년간만 유지되고, 미국 연방 정부와 예수 그리스도 후기 성도 교회 회장인 윌포드 우드럽에 의해 종료되었다. "한 명의 아내!" 라고 말하는 영원한 복음이나 "여러 명의 아내!"라고 말하는 영원한 성약이 영원하지 않다면, 그 교리는 잘못되어 있는 것이며, 당신은 당신 자신의 혼을 위태롭게 하면서 몰몬교의 교리를 받아들인 것이다.

제 3 장

<몰몬경>과 교리

몰몬교도들은 성경을 거룩한 경전으로 받아들이며, 올바르게 번역된 부분에서는 그 내용이 사실이라고 믿고 있다. 그러나 몰몬교의 가르침은 또한 이렇게 기술하고 있다.

> "거의 모든 복음의 교리는 성경보다 〈몰몬경〉에서 훨씬 더 명확하고 완벽하게 가르쳐 주고 있다."[1)]

1) MMD, 99쪽.

몰몬교도들은 자신들이 경전으로 삼는 책들 중에서 〈몰몬경〉을 가장 높은 위치에 둔다. 몰몬교도들은 〈몰몬경〉을 읽으면서 몰몬교가 〈몰몬경〉에 기초를 두고 있다고 흔히 생각한다. 그러나 〈몰몬경〉의 역사적 배경을 받아들일 뿐, 주요하고 특이한 몰몬교 교리가 결정될 때에 〈몰몬경〉이 고려된 적은 거의 없다.

이것은 중대한 고발이다. 이 고발이 뒷받침될 수 있는지 알아보자.

많은 하나님들

몰몬교의 가르침은 하나가 아니라 많은 신들이 있다는 것이다. 성경과 〈몰몬경〉의 내용과는 반대로, 오늘날의 몰몬교 교리는 아버지와 아들과 성령이 서로 다른 세 분의 하나님이라고 가르치며, 세 분의 인격을 가지신 한 분 하나님이 아니라고 가르친다. 조셉 스미스는 나중에 이렇게 말하였다.

> "나는 항상 하나님께서 별개의 인격체이시며, 예수 그리스도께서도 하나님 아버지와는 분리된 별개의 인격체이시고,

> 성신도 별개의 인격체이시며 한 영이시라고 단언해 왔다. 이분들께서는 각각 세 분의 별개의 인격체이시며, 바로 세 분의 하나님이시다."[2]

맥콩키도 다음과 같이 썼다.

> "...그러나 이분들께서는 세 분의 분리된 별개의 실체들이시다. 각각 서로 다른 공간에 계시며, 항상 존재하시고, 한 순간에 한 장소에만 계시는 것이며, 각각 동시에 모든 곳에 능력과 영향력을 발휘하실 수 있다."[3]

그러나 세 분의 하나님에 대한 믿음은 성경과는 현저하게 대조를 이룬다. 『사람들이 해가 뜨는 곳과 서쪽에서부터 나 외에 다른 이가 없는 것을 알게 되리라. 나는 주요, 아무도 다른 이가 없느니라』(사 45:6). 예수님께서도 『나와 내 아버지는 하나니라.』(요 10:30)라고 말씀하셨다.

---

2) 조셉 필딩 스미스, 〈선지자 조셉 스미스의 가르침들, *Teachings of the Prophet Joseph Smith*〉, 1963년. 코우언, 〈몰몬교의 주장에 답변하다〉, 1쪽에 인용.

3) MMD, 319쪽.

몰몬교의 세 분의 하나님에 대한 믿음은 〈몰몬경〉의 가르침과도 완전히 위배된다.

"이에 이같이 너희는 내 이름으로 침례를 줄지니라. 이는 보라, 진실로 내가 너희에게 이르노니, 아버지와 아들과 성신은 하나임이라, 내가 아버지 안에 있고 아버지께서 내 안에 계시매 아버지와 나는 하나니라."[4]

"또 이제, 보라, 나의 사랑하는 형제들아, 이것이 길이니, 사람이 하나님의 나라에서 구원받을 수 있는 길이나 이름이 하늘 아래 달리 주어지지 아니하였느니라. 또 이제, 보라, 이것은 그리스도의 교리요, 한 하나님이시요 끝이 없으신 아버지와 아들과 성신의 유일하고 참된 교리니라. 아멘."[5]

성경과 〈몰몬경〉은 이 점에서 일치한다. 둘 다 세 분 하나님

4) 〈몰몬경〉 제3니파이 11:27. 니파이후서 31:21, 니파이전서 13:41; 몰몬서 7:7, 앨마서 11:44도 보라.

5) 〈몰몬경〉 니파이후서 31:21.

들이 아니라 한 분 하나님을 가르치고 있는 것이다. 이 점에 있어서는 〈교리와 성약〉의 앞부분에서도 일치한다. "이 아버지와 아들과 성신은 한 하나님이시니, 무한하시고 영원하시며 끝이 없으시니라. 아멘."[6]

몰몬교 교리는 또한 어머니 하나님을 인정한다. "하늘에 어머니 하나님께서 계신다는 교리는 교회의 첫 회장 임기 중에 이미 명백히 확인된 것이다." 몰몬교에서는 우리들의 영이 아버지 하나님과 어머니 하나님에 의해서 태어났다고 가르친다.[7]

그러나 이러한 교리는 단지 몰몬교 신들의 시작에 불과하다. 몰몬교도들은 성전에서 결혼하고 끝까지 신실하게 순종한 사람들은 자기 스스로 신이 되어 자신의 영의 자손들과 함께 다른 세계에서 거주하게 된다고 배운다.

"모든 것을 극복하고 최고의 수준인 승영에 오른 사람들은 죽음 후에 신이 되어 가족과 함께 영의 자손을 낳고 영원히 살게 된다. 그러므로 승영에 오른 사람들은 영원한 아버지와 영원한 어머니가 되는 것이다."[8] 몰몬교도들은 자신이 낳은 영의 자손

6) 〈교리와 성약〉 20:28.

7) MMD, 516쪽

8) MMD 517쪽.

들이 나중에 육체를 입고 태어나게 되는 것이라고 믿는다.

진실로 많은 신들이 있는가? 우리가 이미 보아 온 대로, 성경과 <몰몬경>과 <교리와 성약> 앞부분에서는 모두 오직 한 하나님만 계신다고 가르치고 있다. 나중에 조셉 스미스가 몰몬교도들이 여러 명의 아내와 결혼해야 한다고 가르치기를 바랐던 그 때에 이르러서야 <교리와 성약> 132편이 기록되고, 그 이전의 모든 교리와 모순에 놓이게 된 것이다. 게다가 조셉 스미스는 이 새롭고도 영원한 성약을 따르는 사람들이 다음 삶에서 신들이 된다고 덧붙인다.

> "그때에 그들은 신이 되리니, 이는 그들에게 끝이 없음이라. 그러므로 그들은 영원에서 영원까지 이르리니, 이는 그들이 계속됨이라. 그때 그들은 만물 위에 있으리니, 이는 만물이 그들에게 복종함이라. 그때 그들은 신이 되리니 이는 그들이 모든 권능을 가졌고 또 천사들이 그들에게 복종함이라."[9]

---

9) <교리와 성약> 132:20.

모든 계명 중에서 가장 중요한 계명이 무엇인가? 하루는 어떤 사람이 예수님께 여쭤 보았다.

『그러자 서기관들 가운데 한 사람이 와서 그들이 함께 토론하는 것을 듣다가 주께서 그들에게 대답을 잘하신 것을 알고 주께 묻기를 "모든 계명 중에 첫째가 무엇이니이까?"라고 하니 예수께서 대답하시기를 "오 이스라엘아, 들으라, 모든 계명들 중의 첫째는 이것이라. 주 우리 하나님은 한 분 주시니 너는 네 마음을 다하고, 혼을 다하고, 생각을 다하고, 힘을 다하여 주 너의 하나님을 사랑하라. 이것이 첫째 계명이니라』(막 12:28-30).

오직 한 분의 하나님만 계신다. 그뿐 아니라 그분 이전에도 다른 하나님은 없었고, 그분 이후에도 다른 하나님이 없을 것이다.

『**주**가 말하노라. 너희는 나의 증인들이요 내가 택한 나의 종이니 이는 너희가 나를 알고 나를 믿고 내가 그인 것을 알게 하려는 것이라. 내 앞에 지음을 받은 하나님이 없었으며, 내 뒤에도 없으리라』(사 43:10).

신들이 될 수 있다는 말은 한 번 쯤 믿어 보고 싶은 충동이 생기는 매력적인 말이다. 사탄도 동산에서 이브에게 말했을 때, 이것을 이용하여 하나님께서 아담과 이브에게 명령하신 것에 대하여 죄를 짓도록 만들었다.

『너희가 그것을 먹는 날에는 너희의 눈이 열리고 너희가 신들과 같이 되어서, 선과 악을 알게 되는 줄을 하나님께서 아심이라." 하더라』(창 3:5).

루시퍼는 『내가 구름들의 높은 곳들 위로 올라가, 내가 지극히 높으신 분같이 되리라.』(사 14:14)고 말했었다. 몰몬교 체계 속의 이 교리에 루시퍼가 영향을 주었든 아니든, 어쨌든 비슷해 보인다.

죽은 자들을 위한 침례

몰몬교도들은 침례 받지 않고 죽은 친척이 있는지 알아내기 위해서 가계를 연구한다. 그 친척이 영의 세계에서 복음을 받아들였길 바라면서 대리인으로서 침례를 받는다. 〈몰몬경〉이 옳다면, 이 관행은 쓸모없는 것이다.

> "이는 보라, 이 생은 사람들이 하나님 만나기를 준비할 시간이라. 참으로 보라 이 생의 날은 사람들이 자기의 일을 수행할 날이니라."10)

> "이는 보라, 만일 너희가 죽기까지 너희의 회개의 날을 미루었다면 너희는 악마의 영에 복종하게 되었고, 그는 너희를 자기의 것으로 인치나니, 그러므로 주의 영은 너희에게서 물러나, 너희 안에 있을 곳이 없으며, 악마가 너희를 다스릴 모든 권능을 가짐이라. 이것이 악인의 마지막 상태니라."11)

이 구절들은 사람이 살아 있는 때가 하나님을 만나는 때이며, 만일 하나님을 만나는 일을 죽을 때까지 미루면 악마가 그 사람을 자기 것으로 만든다는 것과, 이것이 악한 자의 마지막 상태라

---

10) 〈몰몬경〉 앨마서 34:32.

11) 〈몰몬경〉 앨마서 34:35.

는 것을 명백하게 언급하고 있다. 죽음 이후에 복음을 받아들일 기회가 있으리라는 희망이 전혀 없다.

<몰몬경>과 상반된 몰몬교 교리들

아래에 열거된 내용은 모두 예수 그리스도 후기 성도 교회의 교리이다. 그러나 이 중 어떤 것도 〈몰몬경〉에 나와 있지 않다. 그리고 어떤 것은 〈몰몬경〉의 내용과 반대이다.

- 승영된 사람으로서의 하나님
- 하늘의 어머니
- 영광의 등급들
- "지혜의 말씀" (커피 등의 뜨거운 음료 금지)
- 영의 선재 (사람들의 영들이 육체의 탄생 이전에 이미 존재함)
- 영원한 진보 (사람이 신들이 될 수 있다는 믿음): 〈몰몬경〉에서는 하나님께서는 변하지 않으신다고 나와 있다.[12] 그러나,

12) 〈몰몬경〉 몰몬서 9:9-11, 모로나이서 8:18.

영원한 진보의 교리에 의하면, 하나님이 된 인간은 상당한 변화를 거친다.

위의 목록은 완벽한 목록을 제시한 것이 아니고, 이미 언급한 내용에 덧붙여 추가로 몇 가지를 더 언급한 것이다. 그러나 〈몰몬경〉이 몰몬교 교리와 거의 관련이 없다는 사실을 이해하기에는 충분할 것이다. 〈몰몬경〉에는 몰몬교도들이 역사적으로 사실이라고 믿는 아메리카 이주민들의 이야기가 들어 있다. 그러나 그 이상은 아니다. 〈몰몬경〉이 존재하게 된 배경을 알게 해 주는 것 외에, 〈몰몬경〉에 나와 있는 이 이민의 역사가 예수 그리스도 후기 성도 교회의 독특한 믿음에 영향을 준 것은 거의 없다.

제 4 장

조셉 스미스

조셉 스미스의 배경

조셉 스미스는 1805년 12월 23일에 태어났다. 브리태니커 백과사전은 그의 어린 시절을 다음과 같이 기술하고 있다.

> "그는 글을 읽을 줄은 알았으나, 학교에 다니지 못한 소년이었으며, 그의 가족은 대가족이었다. 뉴욕 주 팰마이러에 있는 그의 이웃사람들은 숨겨진 보물을 파내는 점쟁이로 그를 기억하고 있었다."[1)]

몰몬교의 저술가들은 조셉 스미스의 마술적인 능력을 가끔 부인하기도 하지만, 법원 소송의 최초 문서들에는 조셉 스미스가 횡령을 위하여 이러한 능력들을 사용하여 유죄 판결을 받은 사건이 발견된다.[2] 다음은 이 문서들의 내용 중 일부이다.

"뉴욕 주 주민 대 조셉 스미스. 베인브리지의 조셉 스미스가 치안 방해자이며 사기꾼이라는 정보를 제공한 피터 지브리지먼의 선서에 의한 영장. 형사피고인 조셉 스미스는 1826년 3월 20일에 법정에 소환되어 심문을 받았다. 피고는 팰마이러에서 출생했으며, 주로 베인브리지의 조시아 스토웰의 집에 살았다. 잠깐 광산을 지키는 일에 고용된 적이 있으며, 스토웰의 농장에서 주로 고용되어 일했다. 피고는 어떤 돌을 가지고 있으며, 땅 속의 그릇들 속에 감추어진 보물이 어디에 있는지를 결정하기 위해 가끔 이 돌을 꺼내 보는데, 이런 방법으로 땅 밑 어느 정도 거리에 금광이 있는지 알 수 있다고 말했다. 피고는 스토웰을 몇 차례 방문하여 그런 보물들을 어디서 찾을 수 있는지 알

1) 〈브리태니커 백과사전〉 CD 98, 조셉 스미스.

2) Utah Lighthouse ministry(www.utlm.org)에서 사본 구입 가능.

려 주었으며, 스토웰은 이 보물들을 얻기 위해 채광업에 종사했다. 팰마이러에서는 이 돌을 바라보고 펜실베니아 어디에 주조된 화폐가 묻혀 있는지 알려 준다고 사칭하였으며, 팰마이러에 있는 동안에는 빈번히 이러한 방식으로 다양한 종류의 잃어버린 물건들이 어디 있는지를 알아냈다. 3년 동안 이 돌을 들여다봄으로써 잃어버린 물건들을 찾아냈으나, 그 이후로 건강이 나빠져서, 특히 눈에 염증이 나서 그만 두게 되었다. 피고는 이런 종류의 일을 권유한 적이 없다고 하였으며, 이 일과 어떤 관련도 없다고 항상 부인했다... 고로 이 법정은 피고가 유죄임을 선고한다."[3]

이 사건을 재판한 치안 판사 앨버트 닐리의 기소장과 조셉 스미스를 법원에 출두시킨 경찰관의 기소장도 읽어볼 수 있다.[4]

"브리감 영 대학(BYU) 역사학자 마빈 에스 힐은 다음과

---

3) 〈www.utlm.org/newsletters/no95.htm〉

4) 〈www.utlm.org/newsletters/no95.htm〉. 월터 마틴(Walter Martin), 〈몰몬교의 미로, *The Maze of Mormonism*〉, 1978, 37쪽.

같이 논평했다. '몰몬교도든 아니든 현재 이 자료들을 연구하는 대부분의 역사학자들은 조셉 스미스가 한 때 마술사였다는 것을 사실로 받아들이고 있다.' "[5)]

번역자로서의 조셉 스미스

만약 조셉 스미스가 〈몰몬경〉을 번역하기 이전에도 마술이나 다른 초월적인 일들을 행했었다면, 이러한 사실들이 번역에도 관련되지 않았을까? 조셉 스미스는 〈몰몬경〉 금판을 번역하기 시작했을 때, 번역을 하기 위해 은테에 물려 있던 두 개의 하얀 돌을 사용하도록 지시를 받았다고 한다. 조셉 스미스는 이 두 개의 돌을 우림과 둠밈이라고 불렀다. 그러나 목격자들의 진술에 따르면, 조셉 스미스의 번역은 다른 방식으로 진행되었다. 조셉 스미스는 번역할 때도 여전히 금을 찾을 때 사용했던 그 돌을 들여다보며 번역을 했던 것이다.

나는 목격자들의 진술들 중에서 가장 중요한 몇 가지와 웹사

---

5) 〈초기 몰몬교와 마술적 세계관, *Early Mormonism and the Magic World View*〉, 2판, 1998, 59쪽.

이트에 있는 다른 초기 자료들을 인용할 것이다. 본문 중에 있는 참고자료들도 그대로 남겨 두었다. 다른 목격자들의 진술 내용들은 인용문 마지막 부분에 있는 웹사이트에서 찾아볼 수 있다.

"조셉 스미스가 우림과 둠밈을 가지고 있었다고 가정한다 하더라도, 여러 증거들은 조셉 스미스가 한 우물에서 발견한 선견자 돌을 이용하여 〈몰몬경〉을 번역하는 것을 더 좋아했다는 것을 보여 준다. 조셉 스미스는 〈교회의 역사〉 제1권 129쪽에서 다음과 같이 진술하였다. '여기서 언급되는 선견자 돌은 초콜릿색에 약간 달걀처럼 생긴 돌인데, 클라크 체이스라는 사람을 위하여 뉴욕 팰마이러 근처에 있는 그의 형 하이럼의 공장에서 우물을 파던 중에 선지자 조셉 스미스가 발견한 것이다. 선견자 돌에는 우림과 둠밈의 특성들이 있어서, 위에 언급한 바와 같이, 조셉 스미스는 니파이인들의 기록과 함께 발견한 통역관들인 우림과 둠밈을 사용하였을 뿐만 아니라 선견자 돌도 사용함으로써 금판에 새겨진 문자들을 번역할 수 있었던 것이다.' "

"〈몰몬경〉의 세 증인들 중의 한 사람인 데이비드 휘트머는 조셉 스미스가 〈몰몬경〉을 번역하기 위하여 '선견자 돌'을 모자 속에 어떻게 두었는지 다음과 같이 묘사하였다. '조셉 스미스가 〈몰몬경〉을 번역하는 방식을 묘사하겠습니다. 조셉 스미스는 선견자 돌을 자신의 모자 속에 넣었습니다. 그리고는 모자에 빛이 들어가지 못하도록 아주 가까이에 얼굴을 댄 후, 얼굴을 모자 속에 넣었습니다. 양피지 비슷한 조각이 나타나고, 그 조각 위에 글이 나타났습니다.' "[6]

"1876년 3월 27일에 쓴 한 편지에서 에머 스미스는 우리가 가지고 있는 〈몰몬경〉 전체는 선견자 돌을 이용하여 번역된 것이라고 적고 있다.

제임스 E. 랜캐스터는 다음과 같이 썼다. 조셉 스미스가 〈몰몬경〉을 번역할 때에 선견자 돌을 이용하여 번역하였다는 에머 스미스와 데이비드 휘트머의 증언이 〈몰몬경〉

---

6) 데이비드 휘트머, 〈그리스도 안에 있는 모든 믿는 사람들에게 드리는 연설〉, 1887, 12쪽.

이 금판과 함께 돌 상자에서 발견된 우림과 둠밈이라는 "통역관"에 의해 번역되었다는 몰몬 교회의 전통적인 설명과 어떻게 조화될 수 있을까? 이 중요한 주제에 대한 에머 스미스 비더먼(조셉 스미스가 죽은 후에 조셉 스미스의 아내였던 에머 스미스는 재혼했음)의 증언을 확보하는 것은 몰몬 교회로서는 아주 큰 행운이다... 한 여성이 에머 스미스 비더먼에게 〈몰몬경〉의 번역에 대한 정보를 요청하는 편지를 썼다. 에머 스미스 비더먼은 1876년 3월 27일의 답장에서 '나의 남편이 번역했던 첫 번째 것은 우림과 둠밈을 이용하여 번역되었는데, 마틴 해리스가 잃어버린 바로 그것이다. 그 후 나의 남편은 작은 돌을 이용했는데, 아주 검지는 않고 약간 어두운 색이었다.'고 쓰고 있다.

에머 스미스 비더먼의 편지는 처음 번역되었던 〈몰몬경〉은 우림과 둠밈에 의해 번역되었다는 사실을 알려 준다. 에머 스미스 비더먼은 우림과 둠밈이라는 도구가 금판과 함께 발견되었다는 것도 언급한다. 그러나 번역의 첫 도구였던 우림과 둠밈은 후에 마틴 해리스가 잃어버린 116쪽

분량의 번역에만 사용되었다. 그 후의 번역은 선견자 돌에 의해 수행된 것이다. [〈세인츠 헤럴드, *Saints' Herald*〉, 1962년 11월 15일 15면. 에머 스미스 비더먼의 편지는 〈초기 몰몬교 문서들〉 1권 532쪽에도 나옴.]"[7]

조셉 스미스 생애의 마지막 시기

〈몰몬경〉의 번역을 마치고 추종자들을 모은 후에, 조셉 스미스는 이들 초기 몰몬교도들을 이끌고 대륙을 가로질러 여러 장소에 정착했다 떠나곤 했다. 몰몬교도들이 정착하려고 시도한 지역 주민들과 몰몬교도들 사이에 상당한 폭력이 발생했다. 집들이 불에 타고 사람들이 살해당했다. 이 과정에서 조셉 스미스는 약 3,000명 정도의 군대를 조직했다.

조셉 스미스는 하나님께서 몰몬교도 정착지 주변 주민들을 몰몬교도들에게 주셨다고 글을 썼다. 이 문서가 몰몬교도가 아닌 사람들의 손에 들어가게 되면서, 몰몬교도들이 정착지 주변 주민

7) 〈www.utlm.org/newletters/no95.htm〉

들의 땅을 빼앗을 것이라는 공포를 불러일으켰다.

> "조셉 스미스가 50인 위원회에 의해 '이스라엘 집을 다스리는 왕'으로 임명되었다는 사실이 소문으로 돌자, 이 몰몬교 선지자를 향한 적개심이 더욱 고조되었다. 몰몬교도가 아닌 사람들에게는 조셉 스미스가 무력으로 미국 연방 정부를 전복시키려고 시도할 것이라는 의미로 받아들여졌던 것이다. 조셉 스미스가 왕으로 임명된 것은 사람들을 격노하게 만들었을 뿐이며, 조셉 스미스의 갑작스런 죽음은 더욱 당연한 것으로조차 여겨지게 되었다."[8)]

1844년 조셉 스미스는 미국 연방 대통령 후보자가 되었으나, 선거 전에 살해된다. 마빈 코우언은 조셉 스미스의 생애의 이 마지막 장에 대해서 다음과 같이 매우 명백하게 요약하고 있다.

> "사망 당시 조셉 스미스는 일리노이 주에서 두 번째로 큰 도시인 노부에 살고 있었다. 노부는 몰몬교도들의 도시였

---

8) 〈브리감 영 대학교 연구록, *Brigham Young University Studies*〉, 1968년 겨울, 212-213쪽. 〈www.utlm.org/onlinebooks/changech17.htm〉에 인용됨.

고, 조셉 스미스는 그의 종교에서처럼 시 정부를 장악하고 있었다. 노부에서 조셉 스미스는 그의 종교 지도자들에게 일부다처 교리를 개인적으로 가르치기 시작하였다. 자신들의 지도자들이 무엇을 행하고 있는지를 알게 된 일부 몰몬교도들은 일부다처 교리를 강력하게 반대했다. 그러나 이 반대자들이 발행한 노부 익스포지터 신문의 첫 판이자 유일한 판이 발행된 1844년 6월 7일까지는 큰 주목을 받지 못했다. 이 신문이 발행되자, 조셉 스미스는 노부 시의회와 함께 노부 익스포지터 신문이 불법이라고 선언하고, 노부 시의 경찰서장으로 하여금 출판사를 파괴하도록 지시한다(〈교회의 역사〉 6권 448-454쪽). 조셉 스미스 반대파들은 일리노이 주 핸콕 카운티의 법원에 조셉 스미스가 출판의 자유를 침해했다고 소송을 제기했다. 조셉 스미스는 소요죄로 체포되었으나 인신보호영장으로 상소했다. 조셉 스미스는 빨리 석방받기 위해 노부에서 판결을 받았는데, 이것이 반대파들을 격분케 하였다. 반대파들은 조셉 스미스가 법을 교묘히 조작한다고 주장했다. 반대파가 성장하자 조셉 스미스는 노부 시가 공격을 받을 수도 있다고 생각하고는 계엄령을 선포하였다. 일리노이 주는 노부 시에 도시국가와 같은 수준의 행정권을 주었다. 노부 시정부는 노부 군단이라는 군대를 소유하게 되었으며, 조셉 스미스가 그 군대의 중장이 되었다. 반대파들은 조셉 스미스의 계엄령 선포가 일리노이 주에 대한 반역죄에 해당한다고 보았다. 그리하여 조셉 스미스는 다시 체포되어 일리노이 주 카티지에 이송된다. 카티지에서 조셉 스미스는 노부에서처럼 법정에 영향력을 행사할 수 없었다. 조셉 스미스가 폭도들에 의해 살해당한 것은 카티지의 감옥에서였다."[9]

선지자의 증거

『사랑하는 자들아, 모든 영을 다 믿지 말고 그 영들이 하나님께 속하였는지 시험하라. 이는 많은 거짓 선지자들이 세상에 나왔음이니라』(요일 4:1).

하나님께서는 이 구절에서 마귀의 영들과 그 영들에 의해 조

9) 코우언, 〈몰몬교의 주장에 답변하다〉, 1997년 판, 10쪽.

종되는 선지자들이 우리를 속이기 위해 세상에 나와 있다고 우리에게 알려 주고 계신다. 하나님께서는 속지 말라고 말씀하시며, 하나님께로부터 왔다고 주장하는 영들과 하나님의 선지자라고 주장하는 사람들을 맹목적으로 믿지도 말라고 명령하신다. 우리는 하나님께 순종해야 한다. 그러면 어떤 선지자가 하나님의 말씀을 말하는지 아닌지 어떻게 알 수 있을까?

『그러나 그 선지자가 내가 그에게 말하라고 명령하지 아니한 것을 내 이름으로 감히 말하거나 **다른 신들의 이름으로 말한다면** 그 선지자는 반드시 죽일지니라." 하셨느니라. 그런데 혹시 네가 네 마음에 말하기를 "그 말을 **주**께서 말씀하신 것인지 우리가 어떻게 알리요?" 하리라. 어떤 선지자가 **주**의 이름으로 말하는데 **그런 일이 일어나지도 않고 성취되지도 않았으면** 그것은 **주**께서 말씀하신 것이 아니라 그 선지자가 주제넘게 말한 것이니 **너는 그를 무서워 말지니라**』(신 18:20-22).

위 인용구절에서 두 부분이 우리의 논의에서 중요하다.

• 성경은 오직 한 분 하나님만 계신다고 말씀하신다. 조셉 스

미스와 몰몬교 지도자들은 계속해서 다른 신들을 소개해 왔다. 이것은 위 인용구절의 첫 부분에서 엄격하게 금하고 있는 것이다. 『**다른 신들의 이름으로 말한다면** 그 선지자는 반드시 죽일지니라.』

• 만약 어떤 선지자가 어떤 것을 말하는데 성취되지 않으면, 그것은 하나님으로부터 온 것이 아니고, 우리는 그를 두려워해서는 안 된다. 사실, 구약 성경의 말씀대로라면 그 선지자는 죽음에 처해져야 한다.

조셉 스미스가 성취될 진실한 예언만을 말하였는가를 판단할 방법이 우리에게 있는가? 조셉 스미스는 〈교리와 성약〉에 몇 가지 예언을 기록했다. 조셉 스미스가 정한 예언 성취 시점이 이미 지났고, 그 예언들이 〈교리와 성약〉에 기록되어 있으므로 쉽게 확인해 볼 수 있다. 다음은 조셉 스미스가 1832년에 기록한 예언이다.

"이 성은 주의 손가락으로 지정된 성전 부지에서 시작되어 미주리 주의 서쪽 경계에 건설될 것이요, 조셉 스미스 이세와 주가 기쁘게 여기는 다른 사람들의 손으로 헌납되었느니라. 진실로 주의 말씀은 이러하니, 곧 새 예루살렘 성은 이 장소 곧 성정의 장소에서 시작되어, 성도들이 집합함으로써 건설되어야 하나니, 이 성전은 이 세대 동안에 세워질 것이니라. 진실로 이 세대는 주를 위하여 한 집이 건축되어 구름이 그 위에 머물 때까지 지나가지 아니하리니, 그 구름은 곧 주의 영광이라, 그 집을 가득 채우리라."[10]

이 예언은 조셉 스미스의 세대가 죽기 전에 몰몬교도들이 미주리 주 서부에 한 도시와 한 성전을 건립할 것이라는 예언으로 보인다. 내가 올바르게 이해한 것일까? 1870년 그 세대의 많은 사람들이 여전히 살아 있을 때, 사도인 오손 프래트는 이 구절을 인용하고서 다음과 같이 말했다.

"하나님께서는 1832년 당시에 살아 있던 그 세대가 지나가기 전에 우리가 처음 초석을 놓았던 곳에 돌아가서 지극히 높으신 분의 성전을 건립할 것이라고 약속하셨습니다."[11](그 세대의 다

---

10) 〈교리와 성약〉 84:3-5.

11) 〈설교집〉, 13권 362쪽. 코우언, 〈몰몬교의 주장에 답변하다〉, 58쪽에 인용됨.

른 사람들의 비슷한 인용문들을 보라: 설교집, 5권 134쪽, 6권 956쪽, 9권 71쪽, 10권 344쪽, 14권 275쪽, 17권 111쪽. 태너, 몰몬교, 그림자인가 실제인가?, 189쪽에 인용됨). 프래트와 당시의 다른 몰몬교도들도 이 예언을 내가 이해한 것과 동일하게 그 세대에 성취될 것이라고 이해했던 것이다.

지금은 그 세대 모두가 이미 죽은 상태이다. 그 세대의 몰몬교도들은 그 도시와 그 성전을 미주리 주에 건립하지 않았다. 이 예언 속에서 언급된 것들은 성취되지 않았다. 조셉 스미스는 선지자 시험에 합격하지 못한 것이다.

어떤 사람들은 같은 해인 1832년에 기록된 내전에 관한 또 다른 예언을 예로 조셉 스미스가 선지자임을 증명하려고 노력해 왔다. 〈교리와 성약〉 87편을 읽어 보라. 이 예언은 "남부 여러 주는 북부 여러 주를 대적하여 나뉠 것이요,"라고 언급한 부분과 전쟁이 시작된 장소에서만 정확하다. 이 전쟁은 남캐롤라이나가 새로운 세금 법률에 반대했던 바로 그 당시인 1832년에 일어날 것이라고 예상되었으나, 그때가 아닌 1861년에 일어났다. 약 30년 전에 사람들이 일어나리라 예상했던 바로 그 장소에서 전쟁이 일어난 것이다. 조셉 스미스를 선지자로 변호하려고 이 예언을 이용하는 사람들은 이 예언에서 성취되지 않은 다른 세부 내용은 무시해야 한다. 성취되지 않은 세부 내용 중 일부를 소개하면 다음과 같다.

• "그리고 이같이 되리니, 많은 날이 지난 후에 노예들이 그 주인들을 대적하여 일어날 것이요, 이들은 대열을 지어 전쟁 훈련을 받으리라."(〈교리와 성약〉 87:4)

• 대영제국은 남부 여러 주를 돕기 위해 간섭하고, 세계대전이 일어난다: "남부 여러 주는 북부 여러 주를 대적하여 나뉠 것이요, 남부 여러 주는 다른 나라들 곧 소위 대영제국이라 하는 나라에 도움을 청할 것이요, 또 그들도 다른 나라로부터 자신들을 방어하려고 다른 나라에게 도움을 청하리니, 그리하면 전쟁은 모든 나라 위에 쏟아지게 되리라."(〈교리와 성약〉 87:3)

• 전염병이 일어나게 된다: "그리고 이같이 칼과 피 흘림으로 땅의 주민은 애통할 것이요, 기근과 역병과 지진과 하늘의 우레와 또한 맹렬한 번쩍이는 번개로 땅의 주민은 전능하신 하나님의 진노와 분노와 징계하시는 손길을 느끼게 되리니, 마침내는 선포된 소멸이 모든 나라의 완전한 종말을 이룰 것이요,"(〈교리

와 성약〉 87:6)

• 모든 예언의 내용들 중에서 가장 중요한 것은 **"모든 나라의 완전한 종말"**(〈교리와 성약〉 87:6)이다. 모든 나라가 종말을 고하지 않은 것은 꽤 분명하다.

이 예언이 다른 틀린 예언들을 슬쩍 덮어 두기 위해 이용되긴 했지만, 전반적으로 볼 때, 이것 또한 틀린 예언이다.

조셉 스미스의 예언들 중의 다른 하나는 1832년에 기록되었다. 뉴웰 케이 휘트니 감독이 뉴욕과 알바니와 보스턴에 그의 복음을 전하고, 그들이 받아들이지 않으면 심판이 있음을 경고하게 한 것이다.

> "그럼에도 불구하고, 감독은 뉴욕 시와 또한 알바니 시와 또한 보스턴 시로 가서 그 도시 사람들에게 복음의 소리와 큰 음성으로, 만일 그들이 이러한 것들을 거절하면 그들을 기다리는 황폐와 완전한 패망을 경고할지어다. 이는 만일 그들이 이러한 것을 거절하면, 그들의 심판의 시각이 가까우며, 그들의 집이 황폐하여 버린 바 될 것임이라."[12)]

많은 세월이 지나갔다. 뉴욕과 알바니와 보스턴에서 그 당시와 그 이전과 그 이후 여러 세대들이 모두 죽었으나, 이 도시들이 황폐하게 되지는 않았다. 조셉 스미스의 예언은 또 과녁을 빗나간 것이다.

이 밖에도 많은 예언들이 있었으나, 모든 예언이 빗나갔다. 〈교리와 성약〉 97:19와 111:2-4을 점검해 보라. 시온 건설에 관한 예언과 시온의 유익을 위하여 예비된 살렘에 관한 예언도 성취되지 않았다. 〈교리와 성약〉 124:56-60도 점검해 보라. 조셉 스미스의 가족이 영원히 거할 것이라고 예언되었던 그 집에는 조셉 스미스의 가족이 산 적이 없다. 마빈 코우언의 〈몰몬교의 주장에 답변하다〉 58-66쪽을 보라. 조셉 스미스의 성취되지 않은 더 많은 예언들이 자세히 기록되어 있다.

조셉 스미스는 구원과 죽음 후의 삶에 대하여 많은 것을 언급했다. 조셉 스미스가 언급한 내용들은 당신이 죽은 후에야 옳은지 그른지 알 수 있는 내용들이지만, 당신이 점검해 볼 수 없을 정도의 양은 아니다. 지정된 시간제한이 있는 예언들은 매우 중요하다. 조셉 스미스가 언급한 내용들이 정확하다면, 그 정확성

---

12) 〈교리와 성약〉 84:114-115.

이 우리가 점검해 볼 수 없는 조셉 스미스의 더 중요한 가르침들 속에 확신을 불어넣어 줄 것이다. 그러나 우리가 확인해 본 내용들로 볼 때, 조셉 스미스의 예언들은 그릇된 것들이었다. 하나님께서는 어떤 선지자의 예언들이 잘못되었으면 그 선지자를 두려워하지 말라고 명령하셨다. 이 말씀에 대해 우리는 하나님께 순종해야 한다. 당신이 확인해 볼 수 있는 내용들에서 조셉 스미스가 올바르지 않다는 것을 알면서도, 어째서 당신이 점검할 수 없는 내용들에서는 조셉 스미스가 옳을 것이라고 여기며 당신의 삶을 걸어야 하겠는가?

예수 그리스도 후기 성도 교회의 회장이었던 조셉 필딩 스미스는 다음과 같이 말했다.

"몰몬교는 조셉 스미스의 이야기 위에 서 있거나 거기서 떨어져 나와야 한다. 조셉 스미스는 성스럽게 부름받고, 합당하게 임명되고 임무를 부여받은 하나님의 선지자이거나, 아니면 이 세상 사람들이 지금껏 보아 온 사람들 중에서 가장 큰 사기꾼이다. 중간 지대라는 것은 없다. 조셉 스미스가 제멋대로 사람들을 잘못된 길로 끌고 다닌 사기꾼이

> 었다면, 그 사실은 폭로되어야 한다. 조셉 스미스의 주장들이 잘못된 것임이 밝혀져야 하고, 그 교리들이 잘못된 것임이 드러나야 한다."13)

우리는 그 증거를 시험해 보아야 한다.

• 조셉 스미스는 젊은 시절에 횡령하기 위해 마술을 사용한 죄로 체포되어 유죄를 선고받았다.

• 조셉 스미스는 이집트어를 모르면서도 이집트어로 된 어떤 원본으로부터 '아브라함서'라 불리는 글을 번역하였다고 주장하였으나, 그 사본의 실제 내용이 조셉 스미스가 번역했다고 주장한 '아브라함서'의 내용과는 아무런 상관이 없었다.

• 조셉 스미스의 몇몇 예언들은 분명히 잘못되었다.

• 1890년 이후로 몰몬교 지도자들은 조셉 스미스가 계시로 받

---

13) 〈구원의 교리, *Doctrines of Salvation*〉, 1:188-189. 〈베뢰아의 소명, *The Berean Call*〉, 2001년 3월, 8쪽에 인용됨.

은 한 성약을 실행하지 못하도록 요구했다. 조셉 스미스는 이 성약에 대해 다음과 같이 계시받았다. "보라, 이는 내가 너희에게 새롭고도 영원한 성약을 계시함이니, 만일 너희가 그 성약을 지키지 아니하면, 정죄를 받느니라. 이는 아무도 이 성약을 거부하고는 나의 영광에 들어오기를 허락받을 수 없음이니라."[14] 이 "새롭고도 영원한 성약"은 충만한 구원을 받기 위하여 남자가 여러 명의 아내를 두도록 요구하고 있다. 현재의 몰몬교 지도자들은 조셉 스미스가 당신의 구원을 위하여 기록한 내용에 동의하지 않는다. 어떻게 하면 당신이 구원을 받을 수 있게 되는 것인가?

그 다음 단계

칙 출판사에서 출판한 책들 중에는 한 어릿광대의 이야기를 다루는 아주 작은 소책자가 하나 있다. 그 어릿광대는 직업적인 바보로서 우스운 행동과 말로 항상 왕을 웃게 하는 궁정 어릿광

14) 〈교리와 성약〉 132:4. 〈교리와 성약〉 132:1, 6, 21, 62도 보라.

대였다. 하루는 왕이 그 어릿광대에게 황금으로 된 막대기를 주며, "나의 친구여, 당신 자신보다 더 큰 바보를 만나면, 이 황금 막대기를 그 바보에게 주어야 하네."라고 말했다.

그 어릿광대는 그 황금 막대기를 손에 쥐고 가장 큰 바보를 찾기 위해 그 나라의 모든 마을을 다니며 사람들과 이야기를 나누었다.

한편, 왕궁에서 왕은 큰 병이 나 있었다. 왕은 자신이 곧 죽을 것이라는 것을 깨닫고 그 어릿광대를 찾아 데려오도록 전령을 보냈다. 그 어릿광대가 돌아왔을 때, 왕은 그 어릿광대를 맞아 슬픈 목소리로 "오, 왔는가? 나의 작은 친구여, 나는 이제 아주 길고 긴 여행을 가려고 하네. 다시는 돌아올 수 없는 곳으로."라고 말함으로써 왕 자신이 곧 죽을 것임을 그 어릿광대에게 알려 주었다.

"폐하, 그 여행에 대비해서 준비를 해 두신 것이 있으십니까?"

"아니, 아무 것도 없네."

"그렇다면 이 황금 막대기를 왕께 드려야 하겠습니다."

이 글을 읽고 있는 당신은 어떤가? 그 여행에 대비해서 준비를 해 둔 것이 있는가?

침 례

아마도 당신은 "그럼! 나는 준비를 해 두었지! 나는 침례를 받았어."라고 말할지도 모른다. 그리스도를 영접한 후에 우리는 반드시 침례를 받아야 한다. 그러나 아마도 지금까지 있었던 모든 선교사들 중에서 가장 위대한 선교사였을 사도 바울은 『그리스도께서 침례를 주게 하려고 나를 보내신 것이 아니라 복음을 전하게 하려고 보내셨노라』(고전 1:17), 『이는 내가 예수 그리스도와 그의 십자가에 못박히심 외에는 너희 가운데서 아무것도 알지 아니하기로 작정하였음이라.』(고전 2:2)고 말하였다.

왜 예수 그리스도께서는 사도 바울을 침례를 주게 하시려고 보내지 않고 복음을 전하게 하려고 보내셨을까? 사도 바울은 침례에 반대하지 않았다. 구원받은 사람들이 침례를 받기를 바랐던 그의 글들에서 이 사실은 분명하다. 그러나 예수 그리스도께서는 가장 중요한 것을 사도 바울이 행하기를 바라셨다. 침례는 구원을 주지 못한다. 구주이신 예수 그리스도는 구원하는 분이시다. 그리스도께서는 어떻게 구원하시는가? 그리스도에 관해서는 그리스도께서 오시기 700년 전에 이미 예언되어 있었다.

『우리는 모두 양같이 길을 잃어 각자 자기의 길로 돌이켰으나 주께서는 우리 모두의 죄악을 그에게 지우셨도다』(사 53:6).

구약에서는 하나님께서 양과 소를 제단 위에 드리는 희생 제사를 제정하셨다. 이것은 그 다음 희생 제사 때까지 사람들의 죄들을 덮으시기 위한 것이었다. 그러나 이러한 희생 제사는 그리스도가 오셔서 마지막 희생 제사를 드리기 전까지 임시로 제정하신 것이다.

『제사장마다 매일 서서 섬기며, 똑같은 제사를 자주 드리지만 이것으로써는 결코 죄들을 제거할 수 없으나 이분은 한 번의 속죄제를 영원히 드린 후 하나님의 오른편에 앉으셔서』(히 10:11-12).

구약의 희생 제사들은 모두 우리의 죄들을 위한 최후의 온전한 희생 제사로서 그리스도께서 그리스도 자신을 제물로 드리는 것을 고대하고 있었던 것이다. 우리는 예수 그리스도께서 우리를 구원하시는 구주이심을 믿을 수 있다. 『그가 친히 나무에 달린 자신의 몸으로 우리의 죄들을 담당하셨으니, 이는 우리가 죄들에는 죽고 의에는 살게 하려 하심이니라. 그가 채찍에 맞음으로 너희가 낫게 되었느니라』(벧전 2:24).

예수 그리스도께서 우리를 구원하셨다면 우리는 침례를 받아야 한다. 그러나 그리스도께서 우리를 구원하셨기 때문에 침례를 받아야만 하는 것이지, 침례가 우리를 구원해 줄 것이라고 믿기 때문에 침례를 받는 것은 아닌 것이다.

선한 행위들

어떤 사람들은 자신이 선한 행위들을 하고 의식을 행했기 때문에 자신의 긴 여행에 준비가 되어 있다고 생각한다. 만약 이것이 당신이 생각하는 바라면, 당신은 자신이 선한 행위들을 충분히 행했다고 결코 확신할 수 없을 것이다. 그렇지 않은가? 성경은 다음과 같이 말씀하신다.

『율법의 행위로 난 자들은 누구든지 저주 아래 있느니라. 기록되기를 "행하도록 율법책에 기록된 모든 것을 계속해서 행하지 않는 자는 누구나 저주를 받느니라."고 하였음이라. 따라서 하나님 앞에서 율법으로 의롭게 되는 사람은 아무도 없다는 것이 분명하니 이는 "의인은 믿음으로 말미암아 살리라."고 하였음이니라. 율법은 믿음에서 난 것이 아니니라. 그러나 "이를 행하는 사람은 그 안에 살리라."고 하였느니라. 그리스도께서 우리를 위하여 저주가 되셔서 율법의 저주로부터 우리를 구속하셨으니 기록되기를 "나무에 매달린 자는 누구나 저주받은 자라."고 하였도다』(갈 3:10-13).

당신이 당신의 선한 행위들이 충분히 선하다고 심판받을지 아닐지 의심할 만한 충분한 이유들이 있다. 위의 성경 구절이 말씀하시는 바와 같이 『행하도록 율법책에 기록된 모든 것을 계속해서 행하지 않는 자는 누구나 저주를 받느니라.』 성경은 분명히 『모든 것』이라고 말씀하고 계신다. 당신의 죄들을 상쇄할 만한 약간의 선한 행위들을 했으면 괜찮다고 기록되어 있지 않다는 말이다. 하나님께서는 당신이 행해 온 모든 악한 행위들을 알고 계신다. 하나님께서는 공정한 재판관이시다. 당신이나 내가 행한 죄들과 같은 죄는 그 대가를 지불해야만 한다. 그리스도께서 우리의 죄에 대한 대가를 지불하셨다. 그리스도께서는 그분의 의와 온전한 구원을 값없는 선물로 우리에게 주신 것이다. 우리가 그리스도와 그리스도께서 주시는 선물을 받아들일 때, 우리의 삶이 변화한다.

나는 과거에 내가 죄짓기를 멈추고 단지 선한 행위들을 하는 것이 구원받는 방법이라고 생각하면서 나의 삶을 깨끗하게 하려고 노력했던 때를 기억한다. 나는 내가 할 수 있는 최선의 노력을 다했으나, 결국 나에게 즐거움을 주는 그 죄들을 그만두는 것이 불가능했었다. 나는 너무나 나약해서 나에게 전혀 진실한 만족을 줄 수 없고 오히려 굴욕감만을 주는 그 죄들을 잘라 내버릴 수가 없었던 것이다.

내가 그리스도께 나를 구원해 주시도록 요청한 것은 나 스스로는 내 삶을 깨끗하게 할 수도 없고 나 자신을 구원할 수는 더더욱 없다는 것을 깨달은 후였다. 그리스도께 나를 구원해 주시도록 요청하자 성령께서 내 삶을 인도해 주시기 시작했다. 얼마나 놀라운 변화인가! 나는 여전히 간혹 죄에 빠지기도 했지만, 내 삶의 방향이 바뀌었다. 하나님을 섬기고 있을 때에 나는 죄를 짓지 않았다. 내가 죄에 빠졌을 때에 나는 그것을 자백하고 다시 일어섰다. 나는 곧바로 침례를 받았다. 구원받기 위해서가 아니라, 내가 구원 받았기 때문이었고, 하나님을 기쁘게 해 드리고 싫었기 때문이었다.

그리스도인으로서의 나의 삶에서 가장 위대한 도움은 바로 성경을 읽는 것에서 왔다. 구원받은 후 즉시 나에게는 매일 성경을 조금씩 읽는 습관이 생기게 되었다. 성경을 읽는 습관은 하나님과의 교감 속에 나를 넣어 주었으며, 그때 하나님께서는 하나님께서 나에게 바라시는 것들을 배우거나 행하도록 나를 감동시켜 주셨다.

만일 내가 매일 성경 읽는 것을 시작하지 않았다면, 나는 곧 내가 원래 살았던 방식으로 되돌아가 있었을 것이며, 그런 삶이 하나님께서 의도하시는 삶이라고 생각했을 것이다. 하나님께서 하나님을 믿는 사람들에게 부여하시는 삶은 영원한 것이다.

『하나님께서 세상을 이처럼 사랑하셔서 그의 독생자를 주셨으니, 이는 그를 믿는 사람은 누구든지 멸망하지 않고 영생을 얻게 하려 하심이니라』(요 3:16).

우리는 『마지막 때에 나타내려고 예비하신 구원을 얻기 위하여 믿음으로 말미암아 하나님의 능력으로 보호받고』(벧전 1:5) 있는 것이다.

예수 그리스도께서는 유일하고 절대적인 구주이시다. 예수님께서는 우리의 구원을 위해 우리의 구원에 어울리는 다른 무언가를 더하지 않으신다. 예수님께서는 『나는 길이요 진리요 생명이라. 나로 말미암지 않고는 아버지께로 올 사람이 아무도 없느니라.』(요 14:6)라고 말씀하셨다. 만일 당신이 당신의 구원을 위해 예수 그리스도뿐만 아니라 침례와 선한 행위들과 성전 의식들을 함께 신뢰하고 있다면, 아마도 당신은 예수 그리스도께서 당신을 구원하실 수 있다고 진정으로 믿고 있는 것이 아닐 것이다. 당신은 예수 그리스도 혼자서는 온전히 당신을 구원하실 수 없을 것이라고 생각하고 있는 것이다. 당신의 믿음에서 당신이 지금 신뢰하고 있는 그 모든 다른 것들을 제거하고, 구주 예수 그리스도께서 당신을 구원하실 수 있다는 것을 신뢰할 필요가 있다. 당신이 죄를 지었기 때문에 당신에게 구주가 필요하다는 사실의 중요성을 깨달아야 한다. 당신의 선한 행위들은 당신을 구원할 수 없다. 예수 그리스도 없는 선한 행위들은 이미 유죄판결을 받은 것이다.

예수 그리스도를 당신의 구주로 믿어라! 예수 그리스도께 당신의 죄들을 자백하고, 그분께서 당신에게 주시는 영원한 생명을 선물로 받으라. 예수 그리스도께서는 당신을 온전히 구원하실 것이다. 당신이 성전에서 결혼하지 않아도 당신을 정죄하지 않으신다.

예수 그리스도께서 당신의 삶을 매일 인도하신다는 것을 신뢰하라. 성경을 매일 읽으라. 당신이 예수 그리스도를 따르기 위해 알아야 할 모든 것을 성경이 말씀해 주실 것이다. 그러면 당신은 이 세상의 삶을 위해서나 당신의 긴 여행을 위해서나 모두 준비된 사람이 되는 것이다.

토마스 하인즈의 <친구들에게> 시리즈

카톨릭 친구들에게

토마스 하인즈 지음 / 김현식 옮김 / 104쪽 / 4,000원

이 책은 단순하게 로마카톨릭을 비평하기 위해 만들어진 책이 아니다. 카톨릭의 교리가 비성경적이며, 악한 종교라는 것을 밝히되, 마치 사랑하는 친구가 카톨릭에 빠져 있을 때 그를 구령하는 관점으로 친근하게 만들어졌다. 미사, 교황, 성상문제, 사제들의 독신, 마리아, 연옥, 고해성사 등 로마카톨릭의 비성경적 교리들을 구체적으로 비평하면서도, 성경적으로 명확하고 이해하기 쉽게 설명한다.

여호와의 증인 친구들에게

토마스 하인즈 지음 / 장준익 옮김 / 192쪽 / 6,000원

이 책은 여호와의 증인의 교리들을 자세히 설명하고 성경적으로 정확히 반박해 놓은 책이다. 그들의 구원론과 종말론, 왕국에 대한 이단 사상, 삼위일체를 부정하며 수혈을 거부하는 이상한 교리들을 구체적이며 이해하기 쉽게 다루었다. 우리 주위에서 많은 미혹을 해 오고 있는 여호와의 증인들을 효과적으로 대처할 수 있을 뿐아니라, 그곳에 빠져 있는 사람들을 진리로 이끌어 오기에 매우 효과적인 책이다.